黑龙江省哲学社会科学研究规划项目"数字经济驱动黑龙江省大中小企业融通发展模式研究"（23GLC052）
黑龙江省省属高等学校基本科研业务项目"数字经济背景下智力资本信息披露影响企业价值研究"（2022-KYYWF-1224）

Research on the Influence of Intellectual Capital Information Disclosure
of Listed Companies on Corporate Value

上市公司智力资本信息披露对企业价值的影响研究

袁 蓓◎著

中国财经出版传媒集团

经济科学出版社
Economic Science Press

·北京·

图书在版编目（CIP）数据

上市公司智力资本信息披露对企业价值的影响研究 /
袁蓓著 . -- 北京：经济科学出版社，2024. 1
ISBN 978 - 7 - 5218 - 4430 - 6

Ⅰ. ①上…　Ⅱ. ①袁…　Ⅲ. ①上市公司 - 企业管理 -
智力资本 - 研究 - 中国　Ⅳ. ①F279. 246

中国国家版本馆 CIP 数据核字（2023）第 012287 号

责任编辑：杜　鹏　武献杰　常家凤
责任校对：刘　娅
责任印制：邱　天

上市公司智力资本信息披露对企业价值的影响研究
SHANGSHI GONGSI ZHILI ZIBEN XINXI PILU DUI QIYE JIAZHI DE
YINGXIANG YANJIU

袁　蓓◎著
经济科学出版社出版、发行　新华书店经销
社址：北京市海淀区阜成路甲 28 号　邮编：100142
编辑部电话：010 - 88191441　发行部电话：010 - 88191522
网址：www. esp. com. cn
电子邮箱：esp_bj@ 163. com
天猫网店：经济科学出版社旗舰店
网址：http：//jjkxcbs. tmall. com
固安华明印业有限公司印装
710 × 1000　16 开　11. 5 印张　200 000 字
2024 年 1 月第 1 版　2024 年 1 月第 1 次印刷
ISBN 978 - 7 - 5218 - 4430 - 6　定价：88. 00 元
（图书出现印装问题，本社负责调换。电话：010 - 88191545）
（版权所有　侵权必究　打击盗版　举报热线：010 - 88191661
QQ：2242791300　营销中心电话：010 - 88191537
电子邮箱：dbts@ esp. com. cn）

前　　言

　　当今时代是以知识为主导、资本为支撑、科技创新为驱动的全新时代，知识和声誉等智力资源正在逐步取代劳动力、土地和设备等传统生产要素，智力资本成为企业赢得竞争优势的关键资源。如何获取充分的智力资本信息，从而有效地利用智力资本，既是企业发展的突破性问题，也是投资者进行决策的重要支撑。事实证明，智力资本信息披露能够在促进企业创新技术、缓解融资约束、企业竞争力得到显著提升的同时，亦能促进企业价值提升。智力资本信息披露对企业价值的提升作用已被人们察觉并利用，企业的管理者、市场投资者、政府监管者都试图追求更多的智力资本信息。而随着信息技术的发展和智能手机的普及，微博、微信等自媒体的诞生，无疑加速了智力资本信息的披露及获取速度。自媒体时代的到来，对于传统信息传播和市场信息不对称的思考，会带来哪些冲击和影响，进而对资本市场和上市公司带来哪些挑战和机遇，现有文献很少有对此展开深入探讨的，多以研究信息披露对企业价值的影响为主，较少有人对多源化智力资本信息披露影响企业价值进行深入剖析，深入考察不同路径作用下智力资本信息披露对企业价值影响的研究则更为少见。鉴于此，本书基于信号传递、委托代理、融资约束和投资者行为理论，对智力资本信息披露影响企业价值进行研究，构建智力资本信息披露影响企业价值的理论分析框架，揭示智力资本信息披露影响企业价值的作用机理，设计多源化智力资本信息披露指数，拓展智力资本信息披露影响企业价值的研究思路，以期为企业发展、投资者决策、政府部门监管提供实践参考。主要内容包括：

首先，基于信号传递、委托代理、融资约束和投资者行为理论，运用文献研究和规范研究法，理论分析智力资本信息披露对企业价值的影响，构建智力资本信息影响企业价值的整体理论分析框架。在理论分析中，着重阐述智力资本信息披露影响企业价值的作用机理与传导路径。利用信号传递理论，以智力资本信息披露对企业价值的直接影响作为研究基础，随后分别从市场反应和融资约束两个视角，分析智力资本信息披露影响企业价值的路径，分析智力资本信息披露对企业价值的间接影响。

其次，构建动态的智力资本信息披露影响企业价值的理论模型，从数理上逻辑演绎得出智力资本信息披露对企业价值的影响，对智力资本信息披露影响企业价值的机理进行分析，提出研究假设，并设计多源化智力资本信息披露指数，通过实证分析加以检验。实证检验结果发现，智力资本信息披露能够提升企业价值，进一步分析发现智力资本信息披露对企业价值的影响程度存在滞后性。

再次，基于单一路径分析市场反应和融资约束视角下智力资本信息披露对企业价值的影响，分别构建单一路径下的实证模型，检验单一路径下智力资本信息披露对企业价值的影响。实证检验结果发现，智力资本信息披露能提高企业价值。进一步分析发现投资者信心、融资约束在智力资本信息披露与企业价值的关系中都起到了部分中介效应的作用，即智力资本信息披露可以通过提升投资者信心的路径和缓解融资约束的路径来提升企业价值。

最后，基于调节因素分析智力资本信息披露对企业价值的影响，从市场化程度、产权性质、投资者结构三个方面分析，分别构建实证模型，检验市场化程度、产权性质、投资者结构对智力资本信息披露影响企业价值的调节效应。实证检验结果发现，市场化程度、产权性质、投资者结构在智力资本信息披露与企业价值的关系中都起到了调节作用。

国内外学者大多研究智力资本对企业价值的影响，对于智力资本信息披露对企业价值的影响研究较少，且大都基于静态的直接影响视角，而很少有学者从动态的视角研究进行切入，加之对于智力资本信息披露，大部分学者仅从年报披露这一单一的传统渠道着手收集，很少考虑到新兴的微博等自媒体渠道对智力资本信息披露的促进作用，未进行综合收集。本书基于信号传递理论研究了智力资本信息披露对企业价值的直接影响，进一步研究了在市场反应和融资约束视角下以及调节因素影响下，智力资本信息披露对企业价值的间接影响，具有十分重要的理论意义与实际意义。从理论上看，本书可以为智力资本信息披露与企业价值的进一步研究提供理论依据，有助于揭示智力资本信息披露对企业价值的影响机理和影响效应，有助于完善智力资本信息披露指数的形成，有助于丰富和发展智力资本信息披露的理论文献。从实践上看，有助于企业主动披露智力资本信息并提高信息披露质量从而提升企业价值，有助于投资者基于智力资本信息进行更为科学合理的投资决策，有助于政府监管机构制定科学的信息披露制度，促使企业提高智力资本信息披露质量，加强对企业的有效监管。

本书为黑龙江省哲学社会科学研究规划青年项目（23GLC052）研究成果。

袁　蓓

2023 年 12 月

目　　录

第 1 章

绪　　论

1.1　选题背景与问题提出

1.1.1　选题背景

党的十八大以来，党中央高度重视智库建设，在治国理政和改革的新阶段，凝聚智力资本既符合以知识为主导、资本为支撑、科技创新为驱动的全新时代特点，也揭示了在知识信息高度发达的环境下，智力资本能够成为企业占领行业领先地位的关键资源，亦能成为企业获得持续竞争力的重要来源，为企业价值创造提供动力支撑（张丹，2008；任俊义，2015）。智力资本促进企业价值创造在以知识为核心的企业当中表现得尤为突出，这是因为智力资本除了能够帮助企业保持竞争优势之外，还能促使企业不断追求创新。知识型企业面临着更为复杂动荡的经营环境，要求其必须紧跟科学技术的更新步伐，来应对环境的不可预测性和不确定性，为了应对这种环境，企业就需要依托专利、技术等智力资本来及时制定应对突发状况的策略，准确把握发展趋势，开发自身竞争优势。具体来说，需要企业运用关系资本、结构资本等智力资本优势减少由于环境不可预测性增加的企业风险，有效应对复杂动荡的外部经营环境。而企业间经营的竞争离不开人才的竞争，如何运用人力资本这一智力资本优势，能够有效地将资本、管理和创新结合起来，成为企业获取并维持竞争优势的关键要素（马宁、严太华和姬新龙，2015）。在助推企业竞争力和提升企业价值过程中，智力资本的影响力正在从知识型企业向外逐步扩大和蔓延。

随着智力资本在企业资源结构中的影响不断扩散和发酵，利益相关者关注度也随之提升和聚集。资本市场的流动性产生不同的利益相关者，不同利益相关者对智力资本关注的目标也自然有所差异：上市公司希望向市场彰显自己独有的智力资本优势，如优秀的经营业绩、市场份额，稳定的客户群体，独有的知识产权及核心技术，良好的未来发展前景与成长性等，用来打造正面的形象，树立企业的威望，从而取得投资者的信任，其真正目的是从资本市场上顺利筹集企业发展所需的资本；投资者希望通过对智力资本的分析，择优寻觅到一个最佳的投资对象，保证投资的可靠性和准确性，对于投资者而言，注重智力资本投入的公司往往具有较强的竞争优势，竞争优势则带来企业价值的提升，这就能够使投资者利用有限的资金获得最大可能的增值。因此，就需要加强企业与投资者之间的沟通交流，在方便企业对外展现实力之余，帮助投资者有效根据披露的信息进行决策。

当今社会已经对信息披露的重要性予以认同，日益重视信息披露战略在企业整体发展过程中所发挥的积极作用（宋献中，2006）。智力资本信息披露也属于信息披露的范畴，除通过在年报中予以披露以外，其他披露方式由公司自由选择。随着信息技术的发展、传播途径的变革，以及智能手机的普及，微博、微信等快捷、便利自媒体的出现，年报中的强制性信息披露已经不能解决投资者与上市公司间日益严重的信息不对称问题，促使智力资本的自愿性信息通过网站、微博等多元化渠道进行披露。立足于理性、自利的经济主体，上市公司利用多元化渠道进行智力资本信息披露主要具有三方面优势：第一，对企业而言，维护了企业与投资者之间关系，降低了公司的资本成本，改善了公司投资结构，增加了企业的价值。能够让企业向市场发送更多有关智力资本的信号，且发送信号的方式更易于被广大投资者接受。上市公司相关的智力资本信息通过多渠道向外推广，通过这些积极正面的信息，可以明显影响甚至强化投资者对公司的认识，使得上市公司与投资者形成良好的互动，成为一种成本极低的维护投资者关系的方式。第二，对投资者而言，投资者可以更多地了解上市公司所拥有智力资本情况，而以往管理者比投资者对公司投资机会、投资项目质量和信用质量拥有更多信息（肖作平，2008）。而多源化智力资本信息披露可以有效降低上市公司信息披露不完整、不及时等相关问题，更容易引起投资者的关注。第三，对政府监管者而言，降低了交易成本和获取信息的成本，提升了资本市场的透明度。我国资本市场作为一个新兴市场，具有信息相对不透明、信息收集成本较高等特征（许年行等，2013），且信息透明度较低，所面临的信息环境较差（Piotroski et al.，2012）。通过年报、网站、微博等多渠道将信息传递给投资者，不仅节省了投资者搜集信息的成本，而且使得上市公司掌握更大的自由度，可在政策允许的范围内发布公司的各类信息，提高公司信息披露质量。因此，研究两者间的影响，不仅能为企业更加理性地披露智力资本信息提供理论支撑，而且能为利益相关者作出恰当决策提供经验支持。

1.1.2　问题提出

自21世纪以来，智力资本在企业间乃至国家间的竞争中处于核心地位（Wigg，1997），且智力资本信息的披露越来越受到企业管理层和利益相关者的重视。中国证监会一直强调公开发行证券的公司需报告管理层讨论与分析部分，详细披露有关公司未来发展方面的非财务信息。当前，各上市公司已按照证监会的相关要求将部分智力资本信息披露于招股说明书、年报等强制性披露报告当中。除此之外，披露自愿性信息的途径当中新增了互联网这一高效便捷的方式（Striukova，2008），公司网站、微博、微信公众号等自媒体可以将与企业密切相关的信息及时展现给更多的投资者。随着信息技术的发展和网络普及度的提高，微博、微信、微视频等自媒体正逐步改变着中国传播生态和舆论格局。微博等自媒体依托于互联网，其信息传播具有快速性、及时性、裂变性等特点，正是这些特点打破了传统媒体的局限，提升了信息的传播速度和广度，颠覆性地改变了信息的数量、类型及其传播方式。伴随着微博用户的快速增长，许多公司开通微博账号。从投资者角度看，微博用户通过"评论""点赞""私信"功能进行信息交互，使得公司传递给利益相关者的信息从原有被动的单向流动向互动的双向交流转变。这种转变促使微博已经成为公司与投资者之间重要的信息交流平台和媒介。立于公司的视角，自媒体有助于坚持一对多通信，绕过传统媒体，将公司预期信息传播到所有利益相关者。因此，许多上市公司意识到并且开始接受自媒体作为重要信息的可行披露渠道。通过对首席财务官和其他从业人员的访谈，发现上市公司对外披露信息的媒体发生了较大变化，这些变化包括自媒体的出现及其作为自愿披露渠道被广泛使用（Miller and Skinner，2015）。

通过微博等自媒体披露信息的上市公司恰好多为知识型高新技术企业，发布的微博信息涉及公司经营、财务、研发、声誉、人力等多个方面，而这些方面恰恰丰富了企业智力资本信息披露。何贤杰（2016）研究发现，上市公司通过微博披露信息的内容涉及公司经营活动类、社会责任及澄清类、政治关系类和业绩类等多个方面，涵盖了销售合同、企业获奖和研发创新等信息，而这些信息中"未经公司正式公告披露的信息"约占微博披露信息总量的84%。杜梅（Dumay）在2016年关于西太平洋银行微博的研究结论也说明，自媒体是一种超越了传统智力资本信息报告的新方式，定期利用互联网进行披露有助于利益相关者获取更多的智力资本信息，从而作出准确决策。

可见，智力资本信息披露已由传统的上市公司财务报告披露途径向新兴的多元化信息披露途径转变。然而，目前绝大多数文献仅仅从静态的角度直接研究强制性披露报告中的智力资本信息披露对企业价值的影响，已有文献尚未涉及多源途径下两者间的影响。进一步需要讨论的是，我国有关智力资本信息的披露状况如何？是否具有信息含量并起到信息传递的作用？智力资本信息披露通过哪些关键路径发挥对企业价值的作用？在不同路径、不同情境条件下智力资本信息披露对企业价值的影响有哪些差异？本书试图从市场反应和融资约束两个路径研究智力资本信息披露对企业价值的影响机理与影响效应：首先，基于单一路径视角分别考察市场反应和融资约束在智力资本信息披露对企业价值作用机制中的中介效应；其次，进一步考察其他因素在智力资本信息披露对企业价值作用机制中的调节效应。因此，本书将结合我国资本市场实际情况，尝试回答智力资本信息披露研究领域这一系列更深层次的问题，揭露智力资本信息之神秘面纱，全方位多角度掌握智力资本信息的披露状况，对披露智力资本信息起到规范监督的作用，同时能够促进企业加强对智力资本的培育和管理，促进企业价值的提升。

1.2　研究目的与研究意义

1.2.1　研究目的

研究目的主要是依托信号传递理论和委托代理理论，建立智力资本信息披露对企业价值影响的理论模型，利用多源化智力资本信息披露指数，对多源化智力资本信息披露影响企业价值的作用路径进行研究，考察不同其他因素在其影响过程中的作用，为上市公司、投资者和政府监管部门提供理论支撑和实践参考。这一目的可以分解为以下五个方面。

（1）设计多源化智力资本信息披露指数。已有研究的智力资本信息大都来源于年报等公告信息，对智力资本信息披露内涵外延的理解较为狭隘，随着微博等自媒体的繁荣，智力资本信息披露的渠道也随之拓展。并且，大多数学者在研究确立智力资本信息披露指标时，只考虑了智力资本信息披露中大类指标的不同所产生的影响，没有考虑具体的细化指标以及权重等因素。因此，本书将在借鉴前人成果基础上，从多种渠道提取智力资本信息，运用加权百分位数赋值法，将智力资本信息进行量化，构建出多源化信息披露指数，提出多维度的智力资本信息披露指标，为本书研究提供关键变量。

（2）揭示智力资本信息披露影响企业价值的机理。本书对国内外研究成果进行总结归纳，以信号传递、融资约束、投资者行为等理论为根基，使智力资本信息披露行为和企业价值紧密结合，从市场反应和融资约束两个角度，寻求和验证智力资本信息披露对企业价值产生影响的主要途径，更好地阐释两者之间的作用机理。

（3）设立智力资本信息披露影响企业价值的数理分析模型。以提升企业价值为导向，通过成本收益模型，建立智力资本影响企业价值的理论模型。并以该数理分析模型为基础，揭示智力资本信息披露对企业价值的影响，从而深化和拓展两者间的数理研究。

（4）揭示不同路径下智力资本信息披露对企业价值的影响。基于市场反应和融资约束两条路径，实证分析披露智力资本信息对企业价值的作用机制，选取公司规模等控制变量，揭示影响的约束条件和控制性指标，从而深化和拓展相关实证研究。

（5）考察其他因素在智力资本信息披露影响企业价值过程中的调节效应。从市场化程度、投资者结构和产权性质三个维度，比较不同的市场化程度、产权性质和投资者结构下，智力资本信息披露影响企业价值的效果差异，揭示两者间的传导机制。

1.2.2　研究意义

1.2.2.1　理论意义

（1）有助于丰富智力资本信息披露水平的度量方法。除运用现有专业机构披露的财务报告之外，还将引用微博、互联网信息等，用以丰富相关披露的数据来源。运用加权百分位数赋值方法对现有的公司智力资本信息披露指数进行完善，确定多源化信息披露指数，该指数能够缓解单个指标度量时存在的测量误差以及极端值的影响，与传统正式渠道披露的智力信息相比，多源化智力资本信息更加庞杂，主观性更强。尤其是微博等互联网有关智力资本信息的披露，在与资本市场参与者的沟通和互动方面，其简短的字符数和快捷的浏览方式更能满足投资者的需求，平和的沟通和图文并茂的形式也更容易唤起投资者的情感系统。本书所研究的多源化智力资本信息披露指数将弥补单一来源指标的片面性。

（2）有助于拓展智力资本信息披露影响企业价值的理论研究。现如今大多数相关研究都是仅从实证角度进行直观解释，对智力资本信息披露和企业价值的理论分析仍相对匮乏，对于上市公司自媒体智力资本信息披露对上市公司资本市场表现及企业投融资影响的研究都相对不足。因此，本书构建成本收益模型，从市场反应和融资约束两个视角，分析智力资本信息披露的经济效果，有助于拓展该领域的理论研究。

（3）有助于揭示智力资本信息披露对企业价值影响的传导路径。由于"信息鸿沟"的存在，导致资本分配的不均衡（杨玉龙等，2017）。智力资本信息披露作为自愿性信息披露，使用微博等互联网信息推送技术可以使所有投资者低成本地获取上市公司信息，因此，其对于不同投资者之间"信息鸿沟"的弥合能够起到良好的助推作用。本书基于委托代理与信号传递理论，分析了智力资本信息披露影响企业价值的逻辑路径，设计了整体分析框架，探讨了两者间具体作用机制，有助于全面了解智力资本信息披露在企业价值创造中的效力。

1.2.2.2　实践意义

（1）基于公司的视角，智力资本信息的披露有助于企业进行价值创造，维持长远可持续发展。根据信号传递理论，良好的披露策略能够传递给投资者积极的信号，一方面可以增强投资者信心，促进股票价格的提升，另一方面能够缓解企业的融资约束，降低融资成本，目前我国有关智力资本方面的信息披露内容和格式都较为随意，信息质量不高且缺乏第三方的验证，这就降低了可信性以及投资者的认可度。因此，通过本书研究能够促使公司重视披露信息和提高企业管理层对于披露的积极性，进而促进价值创造。

（2）从政府的角度来看，通过本书的研究，对于规范我国资本市场公共信息环境，弥合"信息鸿沟"，引导企业正确、合理、及时地披露智力资本信息具有重要意义。党的十九大报告中多次强调"推动传统媒体和新兴媒体融合发展"。互联网媒体信息披露是主流媒体信息披露的有益补充，而如何规范企业披露行为，维护资本市场信息环境，引导上市公司利用自媒体缓解信息不对称问题，正是本书的实践意义所在。同时，由于证监会和交易所等机构目前正在致力研究、制定和出台自媒体信息披露的相关政策和法规，对上市公司的微博等自媒体信息披露行为进行规范。但是截至2022年底，还没有专门的规章制度出台，本书力图对此提供一定的参考与指引。

（3）从投资者角度来看，我国资本市场作为一个新兴市场，具有信息相对不透明、信息收集成本较高等特征（许年行等，2012）。且我国上市公司的信息透明度较低，所面临的信息环境较差。而微博等自媒体以推送的形式将信息传递给投资者，技术门槛低，发布渠道方便，转发功能使得价值信息在短时间内得到关注，不仅节省了投资者搜集信息的成本，也使投资者所面临的信息渠道迅速增加。这一新型的信息发布与传播方式必然为传统的信息获取与吸收带来一定的变革，进而对资本市场的运行效率及上市公司的企业价值产生影响。而本书通过揭示智力资本信息披露对企业价值的影响，促使投资者将越来越关注发展潜力、人力资本等与提升企业价值密切关系的智力资本信息，这也有利于提高投资者的决策判断，降低信息不对称性，避免逆向选择，从而达到加强投资者自身利益保护的目的。

1.3　研究现状及评述

1.3.1　智力资本信息披露理论的相关研究

1.3.1.1　智力资本及其信息披露的含义

"智力资本"的含义最早是由卡包瑞兹（Callbraith）于20世纪中期提出的，随着其日益成为社会各界的关注重点，大家对其含义的理解也产生了分歧，围绕无形资产、知识能力、企业价值等不同角度进行争论。无形资产观的学者认为智力资本是使得公司正常运作的无形资产的总和（Brooking，1996）。知识能力观的学者将智力资本的本质定义为无形资产（Edvinsson et al.，1997）。智力资本可以看作是无形资产，能够为公司带来独一无二的竞争优势。马丁内兹（Martinez，2005）认为公司价值所需的专利、技术等无形资产都是智力资本。史都华和鲁克德舍尔（Stewart and Ruckdeschel，1998）从人力资源角度即员工的素养和能力所带来的优势来定义智力资本。加斯里（Guthrie，2005）则将结构关系即供应商关系和客户关系纳入智力资本的定义中。而安妮 - 洛尔和尼克（Anne-Laure and Nick，2013）认为智力资本组成包括能够创造公司价值的知识资本。苏利文（Sullivan，2000）将智力资本的含义等同于能够为公司带来效益的知识。托马斯（Thomas，2000）提出的智力资本是涵盖了所有促进企业发展，能够保证企业在竞争中立于不败之地的知识储备综合体。由于我国在智力资本方面的研究近年来才逐步兴起，很多国内学者都是基于上述国外研究，进一步完善并给出适合我国国情的智力资本含义。王勇（2002）将智力资本看作是知识经过整合后被用来创造公司价值的组织现象。朱学义和黄元元（2004）基于企业价值观提出智力资本突出体现为创新性和智能性，是作为企业是否具有竞争力的核心资本。袁丽（2000）在企业价值观的基础上，提出了智力资本的算法，认为通过计算智力资本可以衡量公司的效益。

　　通过对智力资本信息披露的研究文献归纳分析后发现，目前单独有关智力资本信息披露的定义较少，大部分研究都围绕着智力资本信息披露的内容及频率而展开。通过研究西班牙智力资本信息披露良好的 12 家公司后认为西班牙企业披露外部资本相关信息多于内部资本相关信息（Ester et al.，2007）。阿贝塞克拉和加斯里（Abeysekera and Guthrie，2005）研究表明上市公司日益注重智力资本信息的对外披露，主要披露仍以关系资本为主、人力资本为辅。尼克（Nick，2002）经过研究发现加拿大上市公司在年报中进行披露的智力资本信息与无形资产有关的居多，但总体披露频率较低。麦纳和阿塔（Maina and Ataur，2012）利用南非企业的智力资本信息披露数据为样本，发现人力资本信息披露占比较高。安妮卡和格兰特（Annika and Grant，2008）指出智力资本中组织资本信息披露的频率最高。赛义德（Sayyed，2018）认为智力资本信息披露主要受资本披露水平的影响，关系资本、人力资本对其产生的影响较小。张信东和张婧（2010）通过统计年报披露的智力资本信息数据，发现山西省自 2005 年起连续三年披露状况保持增长态势，三年间共增长了 5 个百分点。张丹、王宏和戴昌钧（2008）利用 A 股上市公司数据研究智力资本信息披露的频率，结果发现首发股票的公司普遍注重智力资本信息的披露，平均年披露频率均在 60% 以上。孟家新（2011）选取我国沿海某省的上市公司作为研究对象，发现智力资本信息披露频率正逐年上升，智力资本信息可以在年报中获取，有关创新方面的披露内容也随之增多。

1.3.1.2 智力资本信息披露的模式研究

经过多年的探究，在披露模式方面国外学者已经收获颇丰，瑞典等北欧国家已经率先摸索出包含独立智力资本报告模式、智力资本指数模式在内的多种披露模式，这些披露模式各有千秋，如图 1-1 所示。由于各国各地区对披露标准至今未达成共识，致使各国在披露智力资本信息时选择披露的内容随意性较大，多围绕着企业绩效、专利技术等方面有选择地进行披露，因此，虽然有关智力资本信息披露的实践研究已随着理论研究而不断开展和完善，但找寻统一智力资本信息披露模式的道路依然任重而道远。

我国有关智力资本信息披露模式的研究主要自 2000 年以来才逐步兴起，目前有关智力资本信息披露模式的争议主要围绕在是否应该形成单独的披露报告。一部分学者认为，上市公司财务报告可以涵盖智力资本信息，融入智力资本信息后的在财务报表能够更加准确地反映上市公司价值，传统财务报表中的信息缺失得以弥补，这不仅有利于缓解信息不对称问题，为投资者进行决策提供便利，而且可以激励上市公司加强创新能力培养，加大智力资本投入，提升企业综合实力（曾洁琼，2006）。谭劲松（2001）还提出具体的融入方法，即在财务报表中的资产负债表中增设智力资本科目，该科目属于资产类项目，可以用其公允价值计算，并适时作出增减准备，期末对其进行结转，该方法的初衷在于不打破原有财务报告体系，使智力资本信息与财务报告相统一，便于智力资本信息披露的普及和推广。另一部分学者认为，应该在财务报告之外形成单独的智力资本信息披露报告（徐程兴，2003）。董必荣（2010）曾对此作出解释，其认为现有财务报告的规范限制了智力资本信息的披露，表内很难全面系统地反映出真实的智力资本情况。与此相比，表外披露智力资本信息的办法相对可行，这是由于公司能够在独立报告中对智力资本作出定性描述，将定性与定量有效统一结合，更易于投资者阅读及使用。

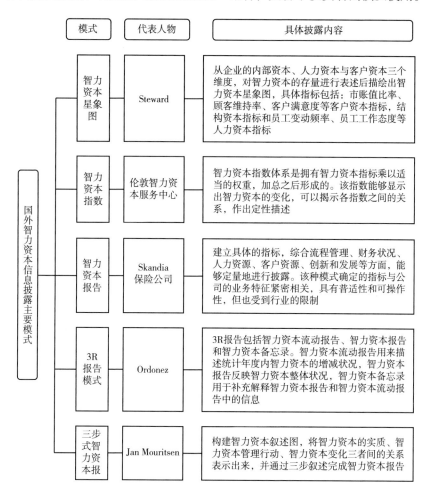

图 1－1　国外智力资本信息披露主要模式

对于独立智力资本报告中具体包含的内容及指标各位学者都给出了各自的见地：张炳发和万威武（2004）提出应包含以下三个部分，即资本的投资情况、资本的运营绩效以及资本的积累过程。李玉平和杨忠英（2008）主张从自愿性和强制性两个角度分别进行智力资本信息的披露，具体指标可以基于创新资本、顾客资本、人力资本等多个层级进行选取。陈君宁（2006）在

3R 报告的基础上提出改进的办法，即在原有智力资本报告备忘录、智力资本流动表以及智力资本表的基础上，增加能够预测分析表，该表能够对未来几期的智力资本动态走势进行前瞻性的预测。张炳发（2004）构建的智力资本指数则将关系、人力、知识、结构成本等多方面考虑进来，具体细化并设定了若干指标，最后根据权重综合测算智力资本指数。与此同时，部分学者提出对于智力资本信息披露的架构进行创新。赵海林（2009）对北欧、日本等地经典的智力资本信息披露进行梳理后认为我国的智力资本信息披露的报告及框架必须要与我国的实际发展情况相结合。李平等（2006）在基于我国不同企业所面临的外界环境及自身发展差距，提出智力资本信息披露应结合具体的实际条件，从总体战略布局到具体的管理流程选取各环节所对应的指标，构建独立的智力资本信息披露框架。孔玉生等（2006）设计了彩色智力资本信息披露模式，根据使用对象的不同划分色彩层级，由内而外多维度多视角地对经济等方面进行报告。

1.3.1.3 智力资本信息披露的渠道研究

对于智力资本信息披露的渠道，目前各国都仍尚未作出明确规定，收集智力资本信息的途径依旧随意性较大，通过对现有文献的梳理，可以发现主要的披露渠道及途径可以分为三类：年报披露，上市公司招股说明书披露，公司网站等互联网信息披露。其中，年报披露占主要地位，公司网站等互联网信息披露为新兴渠道，选择互联网进行披露的公司数量呈增长态势。首先，通过年报进行披露的公司企业仍占大多数，阿尔弗（Alfraih, 2017）对科威特上市公司年报进行内容分析研究，结果表明智力资本披露质量与市场价值呈正相关，科威特市场参与者应考虑到智力资本披露质量在提升股权估值方面的重要性。以英国、澳大利亚、新加坡和中国香港的公司年度报告为基础，研究智力资本信息披露是否影响股票市场价值，结果显示两者呈正相关关系。在采用国际财务报告准则（IFRS）后，报告的收益和净资产增量值与智力资本信息披露相互作用更为明显（Vafaei et al., 2011）。其他学者提取英、美等多国企业年报里体现出的智力资本信息，研究其与企业价值之间的关系，发现部分国家的数据显示存在相关关系（Lang et al., 2004）。国内方面，张丹和郭森婷（2010）提取 A 股上市企业 49 家年报中披露的智力资本信息，量化后进行实证研究，结果表明其与企业价值具有正相关关系。冉秋红等（2007）采用的研究样本为我国上市公司 223 家的年报，估算其中公开披露并能够货币化的智力资本。黄娟和周茜（2011）研究 1990 年以来企业，量化其在年报中披露的智力资本信息，并研究该信息是否与企业价值相关，结果表明两者呈正相关关系。除了年报之外，招股说明书中往往也涵盖一部分智力资本信息，但由于披露的内容较为片面且往往披露的年限较短，因而并未得到广泛应用。通过提取招股说明书所包含的智力资本信息发现智力资本信息披露的频率具有较强的价值相关性（张丹、王宏和戴昌钧，2008）。从目前的实际情况来看，互联网的日新月异为企业提供了信息披露平台，越来越多的投资者开始利用互联网自媒体等关注企业披露的各项信息，而企业也更愿减少披露的成本而选择新媒体进行信息披露。因此，很多学者的研究中都开始凸显智力资本信息在互联网中的披露。从比利时、法国、德国和荷兰四个国家的 267 家公司网站提取智力资本信息样本，用于研究其与企业价值之间的关系，结果表明两者存在正相关关系（Orens et al.，2009）。潘琰和欧凌燕（2012）筛选互联网披露的智力资本信息，研究发现，其与企业价值之间呈显著正相关关系。蒋艳辉和李林纯（2014）研究 A 股高新技术企业互联网披露的智力资本信息、分析师跟踪与企业价值的关系，发现披露水平越高，企业价值越大。

1.3.1.4 智力资本信息披露的影响因素

詹姆斯和罗莎琳德（James and Rosalind，2009）指出智力资本信息披露的质量受到会计师事务所审计和资本密集度的影响，而 70 家澳大利亚样本企业中的财务杠杆、股权集中度以及上市年份都不会对智力资本信息披露产生影响。通过研究英国不同行业的 15 家企业后认为，行业要素和规模要素能够给智力信息披露带来的影响程度不同（Striukova et al.，2008）。亚历山大和菲利浦（Alexander and Philip，2013）指出 125 家澳大利亚样本企业中，对智力资本信息披露产生影响的因素包括行业类型和企业规模。贾马尔和埃勒曼（Jamal and Herremans，2014）提出智力资本信息披露的因素包括风险环境、公司文化以及发展程度。阿卜杜勒·穆罕默德（Abdol Mohammadi，2005）也曾在文中证明过智力资本信息披露受到行业的差异的影响。而通过研究葡萄牙企业的盈利能力与智力资本信息披露之间关系，两者呈正向相关（Filipe et al.，2018）。马来西亚学者的研究结果表明，独董比例构成正向影响智力资本信息披露的因素之一（Abdifatah Ahemd Haji et al.，2013）。蒙立元和张婉婧（2013）在研究中提到，智力资本信息披露可能会随着企业成长、所处行业的差异而产生不同。邱萱和邓林琳（2008）曾经指出智力资本信息的披露受到企业规模、所处行业、财务指标等多个条件的制约。张信东和张婧（2010）用2005~2007年作为样本区间，选取20家山西企业的年度报告，结论指出企业规模会对智力资本信息产生正向影响。李斌和赵玉勇（2009）选取75家高新技术产业上市公司，着重研究智力资本信息披露是否会受到公司智力结构的影响，结果表明，部分指标如股权集中度、董事会会议都会影响智力资本信息披露。

1.3.2 智力资本信息披露的经济后果研究

1.3.2.1 智力资本信息披露的市场反应研究

当前学术界对智力资本信息披露的市场反应的认知仍存有分歧，一部分研究指出智力资本信息披露会带动股价，另一部分则同意两者间不存在联系这一论断。詹森和梅克林（Jensen and Meckling，1976）早就针对企业资本成本与智力资本信息披露之间的关系进行过研究，发现两者间存在一定的反向关系，即智力资本信息披露越好，企业资本成本越低。阿卜杜勒·穆罕默德（2005）曾在文中提及智力资本信息披露能够和企业股价、市场价值产生正向联系。朗和伦多姆（Lang and Lundholm，1993）提出股价的评估需依靠企业的智力资本信息的披露，披露的质量直接影响评估的误差，智力资本信息质量与评估误差成反比。理查德和苏雷什（Richard and Suresh，2006）调查香港股民对智力资本信息披露的看法，调查结果显示香港股民认为智力资本信息的披露有助于改善信息不对称，减少市场套利的现象，有助于股价提升。通过对欧洲市场上市公司的研究，指出智力资本信息披露的功效在于能够缓解信息不对称，进而降低上市公司的资本成本，对股价有促进提升的作用（Orens et al.，2009）。

屈志凤和肖志雄（2008）通过随机抽取的方式，选取 200 家上市公司，利用实证方法检验智力资本信息披露是否会对股价产生影响，结果表明两者间存在正相关。杨慧梅（2011）利用房地产行业的相关数据，不仅分析了智力资本信息披露是否会对股价产生影响，而且还将智力资本信息披露细化分为结构资本信息、人力资本信息、关系资本信息三个部分，研究三者分别作用于股价时产生的影响，结果表明，除人力资本信息外均单独对股价具有正向影响，当三者共同披露时对股价能够产生显著影响。与此同时，张丹和牛晓君（2008）在研究中也曾指出智力资本信息披露的频率以及披露内容都会对股价产生正向影响。

1.3.2.2　智力资本信息披露与融资约束研究

虽然有关披露智力资本信息是否与融资约束具有直接影响的研究很少，但是对于信息披露与融资约束的研究较多。有研究表明，会计信息披露具有定价功能，定价功能具有缓和信息不对称所带来的逆向选择问题，一方面可以向投资者给予投资决策的有关建议，另一方面可以将定价错误导致的资金损失降到最低，外部融资成本随之降低，进而融资约束得以缓解，公司融资能力同步提高（Healy et al.，2011）。张纯和吕伟（2009）也曾指出信息披露质量越高，越有助于我国证券市场中的上市公司降低其融资成本。杨政、董必荣和施平（2007）研究表明，信息披露的主要作用可以归功于其能及时提供消息，促进信息对称，避免投资者逆向选择，这就能够使企业融资成本降低，缓解融资约束问题。洪金明和徐玉德（2011）也在文中提及，银行更愿意将贷款发放给信息披露质量高的公司，这间接说明信息披露水平能够使公司面临的银行债务融资成本降低。由于智力资本信息披露与企业社会责任信息披露相类似，因此研究其和融资约束之间的关系也同样具有借鉴意义。这主要是因为无论是智力资本还是社会责任都可以通过信息披露的方式来帮助利益相关者节约代理成本——两种信息的披露能够有效地解决企业内外部信息不对称的问题，基于信号传递理论，更加有利于信息的透明化。通过研究上市公司社会责任的信息披露情况，经过实证检验发现社会责任信息披露对融资约束能够起到缓解的作用（Cheng et al.，2014）。何贤杰等（2012）曾通过实证方法检验社会责任披露与否会直接关系到企业的融资成本，高质量的披露能够充分缓解企业所面临的融资约束问题。

1.3.3　智力资本信息披露对企业价值的影响

通过对已有文献的归纳，我们可以看出，国内外学者对智力资本信息披露及其产生的经济后果进行了大量的研究，但对其与企业价值相关性的研究较少。这意味着探索智力资本信息披露相关问题还存在广阔遐想的空间。在已有的智力资本信息披露内容与企业价值的相关性研究中，其研究结果也不尽一致。

（1）智力资本信息披露对企业价值具有积极作用。乔治和叶卡捷琳娜（George and Ekaterina，2009）选取俄罗斯的小型创新型企业作为研究样本，分析这类企业中智力资本信息披露是否会对企业价值产生影响，结果表明其对企业价值的提升有积极作用。有学者收集了2013~2017年孟加拉国34家纺织企业的数据，研究智力资本信息披露对财务绩效的影响，最终显示，两者间的不同关系显著影响了生产力成果，智力资本信息在生产力和盈利能力中发挥着重要作用，有助于提升企业价值（Leena et al.，2018）。以1997~2016年泰国16家上市银行数据，采用固定效应与随机效应模型及广义矩量法（Generalized Method of Moments，GMM）估计，探讨智力资本信息披露和财务绩效之间的关系，并指出未来企业获取利润能力受到智力资本信息披露积极的影响（Dai et al.，2018）。意大利的上市公司年报对智力资本信息披露中，盈利水平高的公司披露的智力资本信息也较多，智力资本信息披露与企业价值有积极的作用（Bozzolan et al.，2003）。一如（Yiru，2018）以澳大利亚证券交易所上市公司中的200家作为样本，调查企业智力资本信息披露情况以及市场的反应，结果表明，投资者对积极的披露反应良好，认为智力资本信息披露与企业价值具有更大的增值相关性。巴拉蒂（Bharathi，2008）则在文章中指出智力资本信息披露与企业价值之间存在一定的正相关关系。吉安卢卡和阿黛尔（Gianluca and Adele，2018）利用意大利竞争管理局（Italian Competition Authority，ICA）452 家非上市公司的智力资本信息披露数据，来探索其对企业创造价值的贡献，结论表明，公司能够利用披露增强业绩和竞争力。黄娟和周茜（2009）认为通信行业及高新技术行业的企业中，智力资本信息披露的质量较高，且对企业价值能够产生正向的作用。薛云奎和王志台（2001）将 1995 ~ 1999 年设置为样本区间，研究我国企业的无形资产信息披露情况并指出其能对股价产生积极的价格反应。张雯（2011）在中国台湾地区的研究表明智力资本中有关人力资本和结构资本的信息披露均能对企业价值产生影响。

（2）智力资本信息披露对企业价值没有明显作用。蒙道（Mondal，2016）曾指出印度资本环境制约着智力资本信息的披露，由于市场环境的不完善，导致了智力资本信息披露与企业价值之间的影响关系并不显著。尼哈和尼拉德里（Neha and Niladri，2018）通过对印度 2001 ~ 2016 年在 COSPI 上市的企业进行实证分析发现，智力资本信息披露和财务绩效具有一定的正向联系，智力资本信息披露与市场价值正相关，但关联性不显著。冉秋红和罗嫣（2013）曾在衡量智力资本信息披露质量时随机抽取 223 家企业年报信息，根据模型计算得出企业估值，最终未证明出两者间具有明显相关性。曼努埃尔和菲利佩（Manuel and Felipe，2018）选择墨西哥中小型制造业企业作为样本对象，实证检验了智力资本信息披露与组织绩效及企业价值之间的关系，结果发现与组织绩效存在负调节作用，与企业价值无明显作用。

1.3.4 研究现状评述

智力资本信息披露属于对外传递信息的重要机制之一，披露高质量的智力资本信息可以有效地缓解公司与外部投资者之间的信息不对称，提升的企业价值。具体来说，企业对外披露其智力资本信息，有两方面的作用：一是智力资本信息披露有助于企业清楚制定其在市场中的定位，规划好未来发展的战略，同时满足价值评估和改善内部管理的需要；二是智力资本信息披露可以使信息的使用者避免信息不对称带来的信息匮乏等问题，帮助利益相关者作出准确的投资决策，避免企业的真实价值被低估。因此，全面系统地披露高质量智力资本信息能够有效提高公司的企业价值。已有文献的主要贡献，一方面，国内外学者已经由最初的定性研究开始逐步向定量研究推进，而且对于实证研究方法日益重视，研究的科学性及可信度有所提升，并且学者们已经开始由单一行业或地区的智力资本信息披露研究，向跨行业及多个地区转变，对行业间及区域间的差异进行比较。另一方面，随着学者们的研究日益深入，探索智力资本信息披露不仅仅停留在对其含义、披露状况、面临困难、披露意义等表象的研究，更多学者开始研究其背后蕴藏的对企业或资本市场所产生的经济后果、影响因素等深层次内容。然而，已有研究大部分基于常态环境下探讨分析，有关智力资本信息披露影响企业价值的研究仍存在以下有待深入研究的问题。

（1）智力资本信息披露的衡量指标需要进一步完善。目前的研究多以年报中所披露的智力资本信息为主，年报所提供的数据多为可量化的定量指标，那么能够反映公司智力资本信息的定性指标是否也应被考虑进来？定性指标与定量指标在智力资本信息披露指数中的权重又该有何评定？与此同时，从智力资本信息获取的来源看，年报并非其唯一来源，企业招股说明书、网站、微博等自媒体等也同样涵盖智力资本信息的内容，那么是否有必要设计多源化的智力资本信息披露框架？因此，为了能够全面真实地反映智力资本信息披露情况，有必要对其数据来源和指数构建等理论原理方面进行研究。

（2）智力资本信息披露后果的理论原理方面值得深入研究。智力资本信息披露的传导路径和机理有待挖掘。现有文章已经对相关的理论基础展开讨论，但是针对智力资本信息披露影响企业价值的传导路径、影响机理等方面的研究仍有不足。可否从市场反应、融资约束的角度分析智力资本信息披露是如何作用于企业价值？披露智力资本信息属于披露自愿性信息，那么是否披露智力资本信息的质量越高，越能增强投资者信心？投资者信心的增强是否能够通过提高的股票价值进而提升的企业价值？信息披露可否通过影响感知风险来缓解融资约束？投资者往往在风险更大的时候愿意支付更低的价格，并且平均持有更多的资产，那么此时，较高的披露水平能否降低交易者的平均风险，从而降低融资成本？是否会对企业价值产生影响？因此，有必要从市场反应和融资约束的角度，对两者之间的影响关系展开探讨。

（3）智力资本信息披露影响企业价值的环境依存性和制度情景仍需探讨。目前有关智力资本信息披露的研究主要围绕着影响智力资本信息披露的内在因素所展开，而在智力资本信息披露影响企业价值过程中，是否存在环境及制度等其他因素对整个传导过程产生影响？智力资本信息披露是否对市场化程度具有依赖性？市场化程度会不会在整个传导过程中产生影响？除此之外，产权性质、投资者结构等因素是否也会在整个影响的全过程中发挥效用？因此，为了更加全面深入地剖析智力资本信息披露影响企业价值的过程，需要进一步对影响两者间关系的调节因素进行研究。

1.4 研究内容与结构安排

1.4.1 研究内容

通过本书的研究，拟解决以下几个方面的问题：我国当前是如何披露智力资本信息？有怎样的作用效果？对企业价值能否造成影响？更为细致的问题则包含智力资本信息披露是通过哪些路径影响企业价值？在不同路径下的影响会产生哪些差异？考虑到智力资本信息披露相关研究还缺乏全面、系统的深入探索，本书对此试图作出拓展及弥补。本书所进行研究的具体内容表现在以下几点：

（1）智力资本信息披露影响企业价值的支撑理论研究。首先，分别界定智力资本信息披露的概念以及企业价值的含义；其次，分别从市场反应和融资约束两个视角，基于信息不对称理论、信息传递理论、委托代理理论、融资约束假说与投资者行为等相关基础理论知识，系统分析智力资本信息披露对企业价值的影响；最后，在传统智力资本信息披露指数的基础上设计多源化智力资本信息披露指数，以年报、智力资本报告、公司官网和微博自媒体数据为来源，将智力资本信息披露的内容具体划分为定性指标和定量指标，运用加权百分位数赋值方法构建智力资本信息披露质量指数，用以衡量整体披露情况。

（2）智力资本信息披露对企业价值的直接影响研究。结合成本收益数学模型，搭建智力资本信息披露对企业价值产生影响的理论模型。并基于市场反应和融资约束两个角度，对智力资本信息披露影响企业价值的路径进行理论分析与逻辑演绎。智力资本信息披露影响企业价值主要通过两条逻辑路径：①智力资本信息披露质量→增进投资者信心→提高股票价格→提升企业价值；②智力资本信息披露质量→缓解融资约束→降低融资成本→提高企业价值。

（3）不同路径下智力资本信息披露影响企业价值的中介效应研究。首先，分别阐述市场反应路径和融资约束路径下智力资本信息披露影响企业价值的机理；其次，分别对应市场反应路径和融资约束路径，提出有关智力资本信息披露影响企业价值的研究假设；最后，选取 2013～2017 年我国上市企业设定为研究对象，分别对市场反应和融资约束路径下智力资本信息披露影响企业价值作用机制中的中介效应进行实证检验。

（4）智力资本信息披露影响企业价值过程中的调节因素研究。首先，基于多源化智力资本信息披露指数体系影响企业价值的分析框架，分析制度环境中市场化程度、产权性质、投资者结构中的机构投资者是如何作用于智力资本信息披露和企业价值，在理论分析的基础上推出本书的研究假设；其次，以 2013～2017 年作为样本年度，选取我国上市公司作为研究对象，实证检验市场化程度、产权性质、机构投资者在智力资本信息披露影响企业价值作用机制中的调节效应。

1.4.2　结构安排

结合上述研究内容，本书将结构安排设计如下。

第 1 章，绪论。首先，提出全书的选题背景、研究目的以及意义；其次，梳理现有的国内外相关理论文献并作出客观的评述，分析汇总当前已有文献所凸显的不足并提出本书试图所要解决的主要问题；最后，对所要研究的内容、方法，结构安排和技术路线分别加以明确。

第2章，智力资本信息披露影响企业价值的支撑理论分析。这是全文的理论基础部分。一方面，分别界定明确智力资本、智力资本信息披露、企业价值的内涵和概念；另一方面，在信息不对称理论、委托代理理论、信号传递理论、融资约束理论、投资者行为理论等学术经典理论的基础上，揭示智力资本信息披露作用于企业价值理论方面的依据。该部分从理论范畴上对全书的研究基础加以限定，选取适宜的经典理论进行铺垫，随后将智力资本信息披露和企业价值紧密联系在一起，进一步夯实本书的理论基础。

第3章，智力资本信息披露对企业价值的直接影响研究。本章重点研究智力资本信息披露对企业价值的影响机理和传导路径，通过构建成本收益模型，分析研究智力资本信息披露的动机及其对企业价值的影响。实证检验智力资本信息披露对企业价值的直接影响，并进一步实证检验智力资本信息披露对企业价值的滞后影响。

第4章，市场反应视角下智力资本信息披露对企业价值的影响研究。首先，分析代表市场反应的投资者信心的概念；其次，理论分析智力资本信息披露对市场反应的影响，市场反应对企业价值的影响以及智力资本信息披露是如何通过市场反应对企业价值产生影响，引出研究假设；最后，运用实证方法验证结论。

第5章，融资约束视角下智力资本信息披露对企业价值的影响研究。第一，选取能够度量融资约束的指标；第二，对智力资本信息披露、融资约束、企业价值三者间的关系及作用机制展开理论分析，提出相关研究假设；第三，运用实证对结论进行检验。

第6章，智力资本信息披露影响企业价值的调节因素研究。进一步检验制度环境中市场化程度、产权性质、投资者结构中的机构投资者是如何影响智力资本信息披露与企业价值的关系，实证检验市场化程度、产权性质、机构投资者在两者关系中的调节效应，加深智力资本信息披露对企业价值影响机理的理解。

第7章，结论。对研究结论和创新点进行归纳总结，根据研究结论得出关于投资者、政府、企业三方面启示，并针对现有研究的不足提出未来进一步研究设想。

基于本书内容构架，篇章结构如图 1-2 所示。

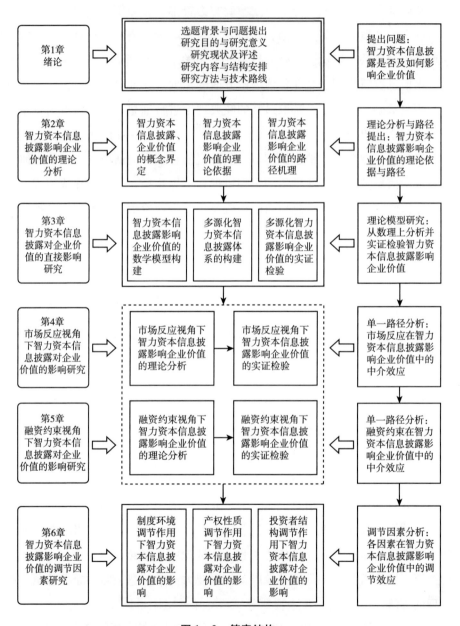

图 1-2　篇章结构

1.5　研究方法与技术路线

1.5.1　研究方法

1.5.1.1　规范研究法

在传统的规范分析的基础上，对现有文献进行收集、梳理、归纳。分别汇总有关智力资本信息披露以及企业价值的学术观点，尤其需要对最新国内外研究趋势及论断给予重点关注，丰富充实本书研究的理论依据。本书依据信号传递理论和委托代理理论等相关理论，运用演绎推理的方式搭建全文的整体理论分析框架，使其更为科学化、规范化。此外，本书还将运用归纳分析和逻辑演绎等规范研究法，对实证结果以及相关建议进行分析。

1.5.1.2　数理模型分析法

针对本书研究内容将采用数理模型分析法，通过设定基础博弈对象，建立智力资本信息披露的基础博弈模型。分析博弈双方使用的成本及获取的收益，进行均衡分析，从数理上推导出智力资本信息披露是如何影响企业价值。随后引入其他要素，探索博弈结果是否产生变化，并详细分析引起变化的原因。因此，采用数理模型分析，一方面细化了前面提出的整理理论框架，另一方面也为后面具体开展实证研究做好理论分析铺垫。

1.5.1.3　实证研究法

本书基于智力信息披露对企业价值影响的传导路径不同，从企业价值提升、融资约束、市场反应等多个方面，提出实证检验的研究假设；建立假设后，积极搜集整理相关实证检验的数据，主要来源自国泰安数据库、Wind数据库、瑞思数据库、各大财经网站以及上市公司财务报告，对于收集的数据应该科学严谨地进行加工处理，保留符合本书研究目的且能够准确度量相关变量的数据；随后，建立实证分析模型并对实证结果进行详细分析，运用描述性统计分析、相关性分析、回归系数分析、中介和调节效应分析等方法，系统验证本书的研究假设。

1.5.2 技术路线

本书绘制的技术路线如图 1-3 所示。

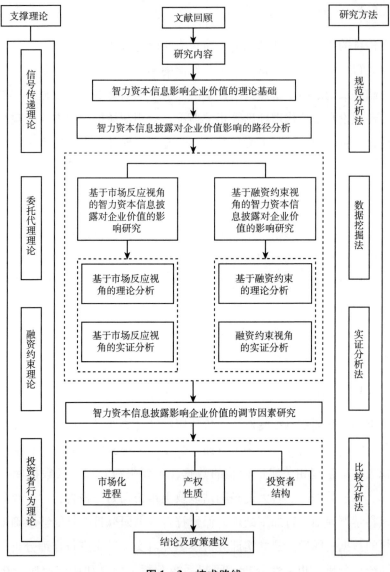

图 1-3 技术路线

首先，本书在整理已有文献的基础上，进行了研究现状的评述，并将本书拟开展的研究问题及时引出；本书将信号传递理论、委托代理理论、融资约束理论、投资者行为理论视为全文的理论支柱，在界定智力资本、智力资本信息及企业价值的等相关概念时，采用规范研究方法，并在此基础上构建智力资本信息披露影响企业价值的理论分析框架。

其次，以智力资本信息披露影响企业价值理论分析框架为基础，基于成本收益模型这一数理模型研究方法，构建动态的智力资本信息披露影响企业价值的理论模型，从数理上逻辑演绎智力资本信息披露对企业价值的作用机制，从而引出相应的研究假设条件。选取恰当变量搭建实证模型，运用模型对研究假设进行检验，验证智力资本信息披露是否对企业价值存在影响。

再次，基于智力资本信息披露影响企业价值的检验，进一步探究市场反应和融资约束路径下智力资本信息披露对企业价值的影响。在路径分析的过程中，运用分步中介效应分析法对不同路径下市场反应、融资约束所起到的中介作用开展验证。

最后，在智力资本信息披露对企业价值的影响过程中，考虑到调节因素，并运用实证模型展开分析。实证检验市场化程度、产权性质、机构投资者在智力资本信息披露影响企业价值作用机制中的调节效应，进一步研究两者之间的影响。

| 第 2 章 |

智力资本信息披露影响
企业价值的理论分析

2.1 智力资本信息披露和企业价值的概念与内涵

2.1.1 智力资本信息披露的概念与内涵

2.1.1.1 智力资本的概念与内涵

早期对智力资本的理解是其与人力资本的含义相近，它是指公司全部人员的知识总和，进行深入研究后认为智力资本并非处于静态的，而是一种动态的智力活动，这一说法得到理论界学者们的认同。斯图瓦特（Stewart，1994）曾对美国的智力资本为何在企业资产中占据一席之地进行过研究，结果发现智力资本在企业资产中最具价值，是因为智力资本能够增加企业在市场竞争中的优势，智力资本可以被视作企业所有人员的技术、才华、知识总和。目前，综合国内外学者们的研究，大致可以分为两种视角：第一种，从无形资产的视角，斯威比（Sveiby，1997）认为智力资本是一种能够帮助企业获得利润且以无限知识为本源的无形资产，其本质是无形资产。有学者则提出智力资本可以等同于无形资产，包括所有企业经营所需的知识、产权、技术等非有形资产（Annie et al.，1998）。第二种，从创造竞争优势的角度，克莱因（Klein，1998）指出公司智力资本是一种可以被规范使用的知识，可以获取智力资本并运用到实际中为企业创造价值和竞争优势。在埃德文森和沙利文（Edvinsson and Sullivan，1996）的观点中，智力资本是由供应商、客户等外部关系以及内部人员具有的专业技能、工作经验、知识储备等构成的综合体。彭洁流（2015）认为智力资本是能够被掌握的，若对其施以影响，则可为公司管理与发展指明方向，使公司长久保持竞争优势。任俊颖（2016）提出智力资本属于无形资产，是企业实现和维持市场竞争优势的重要保障要素。

基于前述分析，本书将智力资本界定为：智力资本是增强企业竞争力的所有知识和能力的集合，是动态的无形资产（Ghosh et al.，2012）。这一定义既体现了智力资本具有显著提升企业价值的创造能力，又体现了智力资本的无形资产属性，较好地界定了我国上市公司披露信息中的智力资本。

2.1.1.2 智力资本信息披露的概念与内涵

智力资本信息披露是自愿性信息披露的重要组成部分，部分学者对智力资本信息披露的释义为：刘星（2012）曾在文章中提到，智力资本信息披露是应依据真实性、可靠性、及时性原则对外发布的信息，基于信号传递理论，企业所披露的智力资本信息可以及时向外界发出利好的信号，有助于企业智力资本创造的价值被投资者正确评估，避免因信息不对称导致的价值低估。李平等（2007）指出披露智力资本信息有助于公司全面系统地展现智力资本现有状况以及为公司创造价值的愿景规划，通过披露公司竞争实力、经营策略、公司文化、员工能力等智力资本信息，不仅能够向公司外部的利益相关者营造积极正面形象，还能为公司内部人员科学制定管理制度提供参考。因此，本书认为智力资本信息披露是公司向利益相关者公布结构资本、关系资本、人力资本等一系列有关公司智力资本信息的行为，披露该部分信息有助于公司在残酷市场竞争中进行战略布局，有助于投资者和其他外部利益相关者降低因信息不对称带来的投资风险。但当前很多学者并未关注智力资本信息披露的定义本身，而是更多地将研究重点放在智力资本信息披露的内容及模式研究上。

2.1.1.3　智力资本信息披露的内容模式

不同的学者对于智力资本信息披露的内容也有不同的认识，虽都意在对人力资本、结构资本、关系资本等智力资本相关信息进行披露，但学者们根据自身的研究目的将智力资本信息披露所要披露的智力资本定义为不同的框架，主要可以划分为以下三类：

（1）智力资本两元说，以埃德文森和沙利文（Edvinsson and Sullivan，1996）为代表，认为智力资本需划分为人力资本、结构资本两部分。

（2）智力资本三元说，加斯里（2005）认为智力资本可分为人力资本、组织资本、顾客资本；意大利学者将智力资本分为人力资本、内部结构、外部结构，在披露时又将这三方面智力资本细分成 22 个信息披露要素。

（3）智力资本四元说，以安妮（Annie，1997）为代表，将智力资本划分为人力资产、结构资产、市场资产、知识产权资产。

基于各国之间的资本市场法律和信息披露制度具有差异，以及研究者之间研究角度存在差异，因此，对智力资本的研究未形成一致的框架意见也就不足为奇。从权威性和使用率来看，国外学者所研究的智力资本信息披露大多源于智力资本三元说。智力资本信息的披露内容包括组织资本、顾客资本、人力资本三类 18 个要素，具体将组织资本设为知识产权、管理过程、企业文化、财务关系、信息和网络系统、管理层哲学六个要素，将顾客资本设为品牌、客户、声誉、分销渠道、业务合作、特许权合约、顾客满意度七个要素，将人力资本设为教育、培训、与工作相关的知识、进取精神四个要素（Guthrie et al.，2004）。意大利学者将智力资本信息的分类框架确定为三类 22 个要素：内部结构、外部结构和人力资本，其中内部结构涵盖管理过程、研究项目、专利、版权、商标、信息系统、网络系统、公司文化。外部结构包括分销渠道、公司联盟、研究协作、财务交往、品牌、顾客忠诚度、顾客、许可证协议、特许权协议。人力资本包括雇员、教育、专有技术、工作有关的知识、工作有关的能力（Bozzolan et al.，2003）。

鉴于我国智力资本信息披露行为出现较晚，国内对智力资本信息披露展开研究的学者和专家较少，多数研究沿用国外对智力资本三元说的划分。张信东和张婧（2010）基于 Thomas Stewart 的 "H－S－C" 结构，认为可以从三大类对企业智力资本进行量化描述，三大类主要包括客户资本、结构资本和人力资本，其中客户资本是由合作业务、品牌声誉、客户情况三个指标构成；结构资本是由研发水平、财务情况、信息网络系统、管理过程、文化建设、知识产权六个指标构成；人力资本是由员工技术水平、员工构成两个指标组成。冉秋红、罗嫣和赵丽（2007）根据被广泛引用的加斯里所提出的分类标准，认为我国企业的智力资本应分为三大类：关系资本、组织资本和人力资本，每一大类下细分出若干指标，共计21项。具体来看：关系资本涵盖供应商关系、投资者关系、营销战略、项目合同情况、公司声誉、产品知名度以及市场占有率7项指标；组织资本则包括经营策略、产品认定、公司文化、组织架构、创新技术、信息系统、管理策略、专利技术、研发产品9项指标；人力资本包含管理层素养、员工技能水平、员工满意程度、教育背景、员工培养5项指标。李金勇和张宗益（2009）提出以结构资本、关系资本、人力资本共三类21个要素所构成的智力资本信息披露框架。组织结构、内部管理、研发创新、竞争优势、经营理念、经营策略、专利与认证许可、信息化建设为结构资本要素；公司形象、经营环境、环保、市场渠道拓展、外部非商业联系行为、市场占有率、主要供应商及客户构成关系成本要素；管理者经验和经历、管理者薪酬与考评、管理者任免、员工基本面貌、员工相关制度构成人力资本要素。

综上所述，国内现有学者构建的智力资本信息披露框架所包含的大类趋于一致，即大都将智力资本要素区分为关系（顾客）资本、组织（结构）资本、人力资本三类，本书亦借鉴已有研究的做法，基于加斯里的三元智力资本披露框架，同时考虑我国目前智力资本管理的现状，在肖华芳和万文军（2009）研究的基础上，将智力资本信息披露要素分为关系资本、结构资本、人力资本三大类要素。关系资本是指企业与外部顾客等形成的无形资产，结构资本作为公司组织人力资本的流程和机制，人力资本是公司人员具有并能发挥作用的技能、经验、知识的集合。本书将在第3章对如何选取及确定构成智力资本的三大类，以及各个要素的衡量内容进行详细说明。

2.1.2 企业价值的内涵与度量

早在20世纪，企业便已从各自的利益着手，选取适合自身的衡量方法对企业价值进行界定和评估。所以，不同的价值观点造就的多种有关企业创造的价值定义便应运而生。罗比切克和迈尔斯（Robichek and Myers，1966）指出，企业价值与企业的投资决策密切相关，由企业历史资产价值和预期未来价值两部分组成。左庆乐（2014）认为，企业价值不仅需要考虑自身现金流，还要考虑企业的盈利能力。企业价值的定义呈现出多样性，而本书对企业价值的定义，主要借鉴莫迪利亚尼和米勒（Modigliani and Miller，1958）提出的：企业价值是包括股权、债权在内的市场价值。但企业价值不是一个单一方面的表示，而是对多个层面进行衡量的结果。企业价值的衡量需要多个方面进行全面的衡量，这对于提升企业的市场地位有重要作用。

目前评价企业价值的指标各有千秋，所侧重的方面存在差异，从总体差异来看，可以将度量方式分为两种：一种是选择财务方面的指标，以财务价值衡量企业价值；另外一种则是选取市场方面的指标，用市场价值测算企业价值。

（1）财务价值指标。运用财务指标测算企业价值，即在选择替代企业价值的测算变量时，选取能够表明企业绩效的相应指标。在实际测算当中，主要选取的指标通常为主营业务收益率、总资产收益率、净资产收益率等。这是因为主营业务收益率等于当期主营业务利润除以主营业务收入净额，作为代表经营绩效的指标，代表了企业的获利能力；净资产收益率为净利润与净资产的比值，同样可以用来衡量企业的盈利能力，能够有效描述企业的经营成果；总资产收益率的运用最为广泛，通常被用来体现企业整体的绩效水平，对企业的未来发展及现有的竞争能力都有不俗的体现。财务绩效指标具有运用方便的优势，什里尼瓦桑（Shreenivasan，2011）在研究中发现，考核企业价值指标可以选择经济增加值这一变量。刘英男和杜森（2009）在研究企业价值时选用经济增加值作为衡量指标，经过较为细致的分析后，结合经济增加值实际特点，提出企业价值可以表示为当前账面价值与未来年经济增加值现值总和。纪建悦、刘红和吕帅（2009）曾经使用净资产收益率作为衡量企业价值的指标，并指出此指标概括性较强，能够综合反映企业的状况。除此之外，总资产收益率可以反映企业的资产所能够带来的利润，表示企业盈利能力，也是企业生产经营情况的表现。

（2）市场价值指标。企业市场价值的衡量指标通常选用 Tobin's Q 值，它是由詹姆士·托宾（James Tobin）于 1969 年提出的，该指标极具预见性和前瞻性，经过数十年的验证，已经成为最为成熟的能够测量市场价值的指标。Tobin's Q 值能够体现公司的成长性以及市场对企业业绩表现的预期。通常判定该值优劣的标准为，当 Q 值大于 1，说明企业预期业绩良好，具有加大投资的需要；相反，若 Q 值小于 1，表明公司前景堪忧。很多人在研究企业价值时都曾对 Tobin's Q 值给予高度评价，并选用 Tobin's Q 值来衡量企业价值，张思宁（2006）提出在我国上市公司中，Tobin's Q 值可以视作衡量上市公司市场价值的重要指标。张国安和王铁明（2000）曾对测算市场价值的指标进行比较，比较的结果显示使用 Tobin's Q 值的占比最高、广泛性最强。孙维峰和孙华平（2013）也曾采用 Tobin's Q 值作为市场价值的指标，实证研究公司绩效问题。苏启林（2004）曾用 Tobin's Q 值作为代表市场价值的指标来研究上市公司代理问题。采用 Tobin's Q 值作为企业价值的衡量指标的文献较多，因为使用 Tobin's Q 值受到会计指标的影响较小，能减少控股股东对企业的账面价值进行调整或是干预（佟岩和陈莎莎，2010）。王昊翔（2013）在文中指出，Tobin's Q 值不但能够显示市值溢价，而且该值的大小与公司未来发展的好坏成正比。

综上所述，本书认同公司公允市场价值为企业价值这一观点，借鉴上述已有研究，选用市场价值指标衡量企业价值，指标选用 Tobin's Q 值，Q 值可以表示为公司市场价值与资产重置成本的比值。用计算出的 Q 值同 1 进行比较，超过时表明该企业具有较高的市值，能够吸引投资者。Tobin's Q 值可以有效地避免外部因素如经济波动带来的破坏，也有助于使衡量指标一致，便于进行横向比较。

2.2 智力资本信息披露影响企业价值的理论依据

2.2.1 信号传递理论下智力资本信息披露影响企业价值

信号传递是 Spence 于 1974 年引入经济学，最初是通过考察劳动力市场中能力、文凭与支付薪酬之间的关系，发现雇主愿意支付高文凭者较高薪酬，但实际中高文凭者不一定具有高能力，这一研究表明劳动力市场双方存在信息不对称，而信息不对称将导致逆向选择和道德风险。当交易双方拥有的信息不对等时，占有信息的多寡直接决定是否能够占据优势位置（张功富，2009），此时倘若市场价格有所下降，就会导致良质受到劣质的驱逐，市场被劣质产品占据，拉低整体市场交易的平均品质，这就被称为逆向选择，而道德风险是不确定或不完全合同使得负有责任的经济行为主体不承担其行动的全部后果，在最大化自身效用时，作出不利于他人行动的现象（王雪，2007）。在资本市场上，同样存在信息不对称：第一，供给方与需求方的信息不对称，即供给方（管理层）所掌握的企业经营情况、投资重点和信用质量等方面的信息，要比需求方（投资者）所掌握的信息多（肖作平，2010）；第二，机构投资者和个人投资者的信息不对称，前者比后者掌握企业的信息量更大，这是由于个人投资者往往只能通过年报、招股说明书等对外发布的信息作为企业信息的来源，但这些信息会受制于管理层保密、隐瞒等因素的制约，所披露的信息并不充分，而此时机构投资者可以通过多种手段获取公司内部信息，"信息不对称"问题由此而形成。智力资本信息的披露也面临这一窘境，机构投资者与个人投资者之间存在这种严重的不对称。究其原因，主要是智力资本信息多为不容易量化的非货币性信息，对于企业而言，其披露成本相对较高。

在资本市场上，无论是信息的优势方还是信息的劣势方，都会通过各种方式获取信息并将信息进行传递（王钦池，2009）。虽然智力资本信息较难量化披露，但随着创新的不断要求，智力资本在公司创新过程中创造价值的优势已凸显，优质的信息更能发挥其良好的信号传递作用，信息披露水平的提高有助于降低公司的资本成本（汪炜，2004）。从理论上分析，在完全竞争的市场上，面对投资决策时管理者和投资者所拥有的智力资本信息应该是完全一致的，但实际情况并非如此。在资本市场中，企业、银行、投资者存在严重的智力资本信息不对称情况，在企业与银行之间，由于智力资本信息不对称，银行无法获得企业的内部信息，无法预知其发展潜力，便会担心产生坏账风险，而此时，企业如若披露智力资本信息，使银行了解其市场前景、信用情况等相关信息，企业便可降低其融资成本，进而提升企业价值。而在企业与投资者关系中，投资者由于信息的不对称可能产生逆向选择，投资者是理性的，为了规避信息不对称风险，投资者只能降低所支付的股价，投资者对于资本报酬的要求变得更高，目的就在于想要补偿其投资风险及投资成本，而该种行为势必会带来企业价值的流失，倘若此时，企业内部经营管理人员通过各种渠道和方式，将更多的内部消息传递给外部，使外部投资者掌握真实的企业信息，从而有利于企业客观评价企业产品、服务和企业表现（沈洪涛，2014），企业的筹资能力便会上升，资本成本也将有所降低，最终促进企业价值的提升。

综上所述，真实和公允的智力资本信息能够缓解资本市场上的信息不对称，在信号传递的过程中，智力资本信息披露有助于削弱知情交易者的信息优势，企业所披露智力资本信息促使外部利益相关者获取额外信息，在更清楚公司管理情况和运营状态下，对公司是否能够盈利，投资风险大小都能够进行更准确的评判。智力资本信息的可靠性与投资决策的正确性紧密相关，上市公司对外发布可靠的智力资本信息，投资者会据此判断此举是否在传递未来收益的利好趋势，从而改进投资策略。密集的智力资本信息披露可以展示企业强大的实力，保持在资本市场上的形象和公信度，强化投资者对公司的正面认识，提升企业价值。在自利动机的假定下，理性的管理层一定会披露好消息，回避坏消息，向市场传递利好信号，增强投资者对企业预期，避免逆向选择。

2.2.2　委托代理理论下智力资本信息披露影响企业价值

1976 年，詹森和梅克林（Jensen and Meckling）提出代理理论，该理论指出：管理者身为坐拥剩余索取权的公司资源所有者，出于利己的目的，管理者全身心投入到工作当中，此时代理问题并不会产生。而当管理者从外部吸收资本，如发行股票时，管理者便存在在职消费的动机而降低工作强度，企业管理者作为理性经济人，前后的行为差距就表明代理问题的存在。只不过表现形式略有不同。剩余损失、守约成本和监督成本构成代理成本。其中，剩余损失是指因代理人和委托人利益不同而产生的其他损失，守约成本则指代理人为赢得公司股东信任进而自我约束所产生的成本，监督成本是指公司股东进行一部分支出用来监督管理者。通常代理人负责承担代理成本，之所以披露信息也是源于代理人欲要节约该部分代理成本。而分析智力资本信息披露影响企业价值过程中存在的委托代理成本时，我们不难发现，一旦管理者作为股东的代理人掌握独有的智力资本信息时，便会产生在职消费或降低工作强度等只关注自身利益的行为，而股东作为委托人则处于劣势，其掌握的智力资本信息相对较少，在这种委托代理关系下，股东与管理者之间势必会存在代理冲突。而此时信息披露是缓解代理人与委托人两者矛盾的最佳方式。

信息披露质量能够有效地缓解代理问题，高质量的信息披露对代理问题的治理功能体现在约束和激励两个方面（谢志华，2015）。代理人与投资者之间的矛盾在股票市场中表现得尤为明显，代理人为保全自身权益并不希望披露与公司有关的信息，但投资人希望代理人能够披露有益于决策的高品质信息，解决这类矛盾的最有效的办法就是加强监管，约束信息披露的内容和质量（罗丹，2016）。依据委托代理理论，智力资本信息披露能够缓解企业的股东和管理者之间的委托代理冲突，帮助管理者进行科学决策，进而提升企业价值。无论是委托人和代理人都关注自身的得失，智力资本信息作为企业重要的内部信息，适当的披露便有助于代理人获取股东的信任，鼓励股东参与监督代理人的履约情况，进而降低代理成本；而委托人出于理性预期的考虑，可能存在降低支付股价的行为，所产生的代理成本只能由管理者自行承担。此时，管理者考虑到规避代理成本的因素，便会向股东披露智力资本信息，会定期向股东汇报、反映其责任的履行情况。受经营状态的影响，假若公司具有较高的财务杠杆水平，管理者选择对外发布有关智力资本的消息可以让股东安心，降低投资风险，节约企业的融资成本，从而提升企业价值。管理者和股东都是利己的，管理者对于公司的决策势必会影响股东的利益，而委托代理的成本就是双方博弈的焦点。一方面，股东的投资关系到管理者的决策；另一方面，管理者的决策有助于股东利益的提升。而智力资本信息的披露能够提高股东对管理者的约束，降低股东与管理者的利益分歧，增强两者的一致性，进而提升企业决策的科学性，促进企业价值的提升。

2.2.3　融资约束理论下智力资本信息披露影响企业价值

建立在莫迪利亚尼和米勒（1958）开创性研究基础上的新古典投资理论提出，资本市场足够完善时，公司财务状况与真实的投资决策无关，即公司内部融资与外部融资没有差异，投资决策同融资方式也不存在差异。然而，现实中的资本市场存在信息不对称成本和代理成本，外部资金不能完全替代内部资金，两者间存在一定差异（Fazzari，1993）。因此，融资约束可以界定为：相对于公司投资机会，公司获取资金的难易程度。这是因为在市场经济环境中，外部资本投资者与公司内部管理者因信息不对称，出现道德风险和逆向选择问题，使公司的外部融资成本远远高于内部融资成本，进而使得公司面临投资机会时为其筹集资金出现较高的难度，甚至不能满足投资机会的资金需求。公司的外部融资成本比内部融资成本越高，表示公司面临的融资约束程度越严重（朱志标，2016）。而充分的信息披露能够缓解融资约束问题，这是因为对于投资者而言，主要利用公司对外发布的信息预测未来经营状况，只有在了解实际经营情况和盈利能力的基础上，才能制定后续的投资决策，公司也能因此获得更多的外部融资，缓解融资约束问题。当投资者感知风险上升时，融资成本也会增加（Goldstein et al.，2017）。正面的信息披露会引导消费者对公司形象和产品作出正面的评价，同时对公司未来的发展充满信心，降低预期收益回报率，缓解上市公司的融资约束（Kothari et al.，2009）。安尼斯（Anis，2016）研究表明使用 Twitter 的公司相对于不使用 Twitter 的公司而言，披露的信息更全面，更容易获得更低的股权资本成本。

基于融资约束理论，在智力资本信息披露影响企业价值的过程中，一方面，正面积极的智力资本信息披露，能够促使企业的声誉提高，当银行等金融机构进行信用评估时，便可作为加分项，声誉较好的企业更易获得银行等金融机构的贷款，而企业获得的债务融资有助于缓解其融资问题，有助于充实现金流，帮助企业顺利经营，进而促进企业价值的提升；另一方面，披露智力资本信息可以增强外部投资者的信心，因为这些信息往往涉及企业的人力资本、结构资本、关系资本等核心经营信息，当外部投资者掌握充足的智力资本信息时，会大大降低投资者的不安全感，对企业的经营更有信心。此时，外部投资者对于回报率的要求会有所降低，这就使得企业的融资成本下降，进而使得企业的利息支出减少，企业可支配的收入增多，最终能够促进企业价值的提升。

2.2.4 投资者行为理论下智力资本信息披露影响企业价值

依据投资者行为理论，投资者以追求最大化利益为目标，并且在特定条件下能够择取符合自身利益的最优行为策略。从理性的层面分析，投资者能够及时判断信息，将风险控制到最低，并实现自身利益的最大化。但从实际情况来看，投资者并非每次都能趋利避害，理论中的完全理性预期以及资本市场的完全有效在现实生活中并不存在，而投资者所作出的行为也非完全理性。近年来，金融学理论不断拓展，有关投资者行为及心理的研究不断深入，大量实证表明投资者在作出投资决策时，往往会青睐高风险、高回报的项目，此时投资者的心理会与市场情形相融合，进而影响投资行为。在行为金融学的观点中，投资者会先挖掘可以支持投资决策的有用信息，根据收集的信息分析判断后，作出最终的投资决策。证券市场依据信息披露的程度分为弱式有效市场、半强式有效市场和强式有效市场。目前我国的证券市场处于半强势有效的状态，这是因为不充分的信息披露导致我国的证券市场中有内幕信息的存在，而其能披露的信息主要有股价、公司年报、审计报告等。在该种半有效的市场状态下，投资者收集信息的阻碍增多，除了公开披露的信息外，投资者更希望能够获取如智力资本信息等体现公司经营成果的信息。投资者依靠信息披露才能作出相对理性的投资决策，而决策恰恰关乎企业价值。因此，可以看到，证券市场中的信息披露对企业价值能够产生影响。很多学者也从投资者行为这一角度展开论证：通过权益资本成本和市场流动性这两个中介变量，信息披露能够对企业价值产生影响（Lambert et al.，2012）。希格尔和豪克维克（Schlager and Haukvik，2012）通过实证研究发现，上市公司的信息披露能够产生超额收益，公司自愿性信息披露越多，公司的市值越高。而研究信息披露、企业环境和企业价值三者的关系，结果表明信息披露与企业环境呈正向相关关系，信息披露对企业环境的影响能转嫁到企业价值，即信息披露程度越高，企业创造的价值越大（Clarkson et al.，2008）。

基于上述分析作出进一步的拓展，利用投资者行为理论分析智力资本信息披露影响企业价值，产生的影响主要表现为：一是智力资本信息披露会影响投资者行为，并通过股票市场流动性，将影响传导至资本市场上的股价，最终作用于企业价值；二是表现在披露智力资本信息相关事件会产生的短期效应，投资者行为会受到波及且影响证券市场，即投资者的短期利益受到的冲击会导致股价短期波动。这两种表现都是由于企业通过智力资本信息披露向证券市场传递信息，从而引起投资者的决策发生变化，也就是说，智力资本信息的披露可以引起市场反应。投资者对上市公司披露的智力资本信息所作出的反应可能是积极的也可能是消极的。投资者依据上市公司披露的智力资本信息作出买入或卖出证券投资决策，进而影响股价发生变化，最终对企业价值产生影响。

2.3　智力资本信息披露影响企业价值的理论框架

2.3.1　智力资本信息披露影响企业价值的机理与路径

智力资本信息披露影响企业价值的过程实质上与信息披露影响企业价值过程相类似，在该过程当中，首先，由企业进行传递，利益相关者接收到信息之后，对信息进行分析使用，即信息传递接收使用的过程；其次，利益相关者使用信息进行投资决策，决策行为直接作用于企业价值，即信息转化产生影响的过程；最后，由上述两个过程组成信息披露直接影响企业价值的完整链条。在整个影响过程当中，信息披露可以通过不同的路径传递并作用到企业价值。信息披露可以通过权益资本成本和市场流动性对企业价值产生影响，即高质量的信息披露可以降低资本成本，并且可以改变公司预期未来现金流，进而影响企业决策提升企业价值（Lambert et al.，2007）。基于此，本书认为企业披露的智力资本信息对企业价值的影响同样也是一个动态的过程，也应能从多路径进行阐述。基于国内外研究展开深入剖析后，得出智力资本信息披露影响企业价值可以通过市场反应和融资约束两条路径实现。如图 2-1 所示，本书首先研究分析智力资本信息披露影响企业价值的直接作用机理，其次分别从市场反应和融资约束两条路径，分析智力资本信息披露影响企业价值的具体过程。

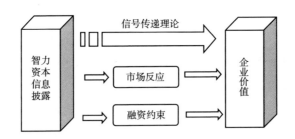

图 2-1　智力资本信息披露影响企业价值的路径分析

2.3.1.1　信息视角下的智力资本信息披露影响企业价值的机理分析

资本市场的枢纽与核心是信息。如图 2-2 所示，在完美的资本市场中，资本会流向边际投资报酬较高的项目，这包括资本从企业外部流动到企业内部，再从企业内部流动到边际投资报酬较高的项目，直至所有项目的边际投资报酬相等，此时，企业的价值达到提升。资本从企业外部流动到企业，再由企业内部流动到企业价值提升，实际上信息也是由企业内部管理人员先从外部环境进行收集，然后信息再向企业外部投资者"逆向"进行流动。在这个逆向流动过程中，假如企业内外部信息的流动过程是平滑不存在摩擦的，那么企业就可以将资本毫无摩擦地全部注入提升企业价值的相关项目，此时就存在实现全部价值提升的机会。但在实际环境下，资本市场并非完美而不存在摩擦，往往企业的内部管理人员可以利用从事企业运营的机会，降低直接收集信息的成本，而外部利益相关者只能通过公司内部管理者收集间接信息。因此，企业内外部的信息总是会产生不对称，即管理者的内部信息不能完全转化为外部信息而流动到投资者，信息不对称成为造成资本市场存在摩擦，从而无法提升企业价值的重要原因。

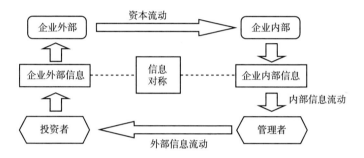

图 2 - 2　在信息对称的情况下企业资本和信息的流动

具体来看，在不对称的资本市场上，信息的产生过程和使用过程共同组成公司会计信息的传递过程（蔡祥等，2013）。很多学者以此为基础，进行深度研究，宋海旭（2013）就曾基于该理论框架，采用投资者关注的视角，进一步研究投资者关注参与进来的信息传递过程，整个研究也同样选择信息产生和信息使用两个具体传递过程。基于智力资本信息传递过程也具有类似特征，整个过程包括企业产生智力资本信息、投资者接收使用智力资本信息一系列动作，而该传递过程最终都会因投资者等外部利益相关者的使用及决策行为作用于企业，具体反映为企业价值会受到影响。如图 2 - 3 所示，本书关注的上市公司披露的智力资本信息，存在资本从企业外部流动到企业内部过程中投资者和管理者之间的信息不对称，以及资本企业在内部流动过程中投资者和管理者之间的信息不对称两种情况。如若智力资本信息不对称，企业外部投资者在使用不对称的智力资本信息后，投资态度和投资信心会受到影响，进而选择改变其投资行为，这种改变的结果首先会对企业的绩效产生直接影响，其次会关系到企业价值能否提升。具体来讲，当投资者收集的智力资本信息越多时，其掌握的有关企业经营、结构、人力方面的情况越详尽，当整体评价情况显示积极，企业的经营情况表现良好时，投资态度会表现得尤为积极，投资者信心增强。当获取的智力资本信息显示企业创新能力较差，管理存在漏洞，绩效差强人意时，投资者信心受到打击，投资态度自然转成消极。随着态度和信心的变化，投资者的行为也会发生变化，若投资者研判智力资本信息后投资态度积极，就会加大购买偏好，企业在股市的表现也会更加积极，企业价值得以提升。

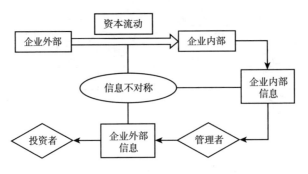

图 2 - 3 在信息不对称的情况下企业资本和信息的流动

与此同时，在信号传递的过程中，我们还应考虑到智力资本信息接收过程和转化作用于企业价值的过程都需要一段时间，因此，智力资本信息披露影响企业价值存在一定的滞后性。整个信号传递过程中，从投资者接收到企业披露智力资本信息到投资者改变投资态度和信心，再到落实到具体的投资决策上，投资者一系列的举动作用于企业业绩和企业价值的影响可能会立即在当期信息披露中显示出来，但也有可能由于时间差的存在，导致当期并没有显现，而是在一段时间后凸显，这就是所谓的智力资本信息披露带给企业的滞后影响现象。法尔克和赫比奇（Falck and Hebich，2007）就曾指出，企业能够以多种形式获得利益相关者反馈的企业价值。而企业选择向投资者披露高质量的智力资本信息，投资者也将回报给企业积极的投资行为，使企业获得价值的提升。这个回馈的机制和带来的影响效应或许是长期的，即使当期未看出智力资本信息披露带给企业价值的变化，那么也将体现在滞后一期或几期的影响当中。

2.3.1.2　智力资本信息披露影响企业价值的路径分析

在系统研究委托代理理论、投资者行为理论、融资约束理论和信号传递理论等相关理论的基础上，分析智力资本信息披露对企业价值的影响机理可知，智力资本信息披露主要是通过信号传递功能，层层传导，最终作用于企业价值。具体分析，可以通过以下两个路径研究智力资本信息披露具体如何作用于企业价值：

（1）智力资本信息披露通过市场反应路径影响企业价值。在市场反应的视角下，如图 2-4 所示，基于"情绪效应"，智力资本信息对投资者的情绪感知占据了主导。由于股票自身不具有价值，但投资者的综合判断及对股票未来价值的预期会在很大程度上决定股价。根据行为金融理论，信息引起股价的变化并不在于其扩展了投资者对股票的认知或是带来了多少信息，而在于其影响了认知局限约束下的投资者行为选择（易志高，2017）。因此，当智力资本信息披露充分时，投资者会更加信任上市公司所披露的特有的内部信息，并将所披露的智力资本信息纳入影响其投资决策的信息库中，依靠信息库中收集到的信息作出投资决策。当企业自愿披露增加后会降低资本市场的信息不对称，公司信息透明度也会有所提高，同时更会拉近现有股东与管理层的关系。相反，当智力资本披露不足时，投资者很可能不信任所披露的智力资本信息，智力资本信息将不会被投资者所采纳，而是更多考虑其他因素（Laurens et al.，2017）。因此，企业与利益相关者互动的纽带之一就是智力资本信息的披露，它向外传递更多的内部消息，并且或多或少可以改变公众对企业的认知，塑造良好的企业形象和声誉。企业良好的声誉形象能够对股市价值增量的正向激励，投资者对企业的信心增强，致使换手率提高，进而使股价上涨，提升企业价值。与此同时，投资者也会由情感系统生成对信息披露公司的亲近与信赖，即使企业发布的并非价值相关信息，当投资者看到持续的信息被披露时，就会意识到上市公司在平稳有序发展时，长期持有该公司股票的意愿更加强烈，股价崩盘风险也会随着稳定的股价增长趋势而降低，企业价值就会有机会得以提升，即智力资本信息披露→增进投资者信心→提高股票价格→提升企业价值，具体路径影响如图 2-4 所示。

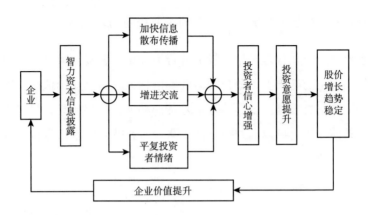

图 2 - 4　市场反应视角下智力资本信息披露影响企业价值的路径分析

（2）智力资本信息披露通过融资约束路径影响企业价值。由于事前信息不对称而引起的逆向选择，会诱使企业面临"融资约束问题"，进而影响企业价值。具体来说，当事前信息不对称存在时，管理者会凭借自身拥有的信息优势，选择发行股票的时机并仅在企业价值被高估时发行股票。由于投资者希望弥补支付过高价格的风险，并不愿意为企业提供资本，并且会向企业索取高额收益，企业因此会面临融资约束问题。此时，企业从外部获得资本的自由度受限，即一旦想要提升企业价值，就会面临客观的融资约束的限制。如若企业选择在事前披露智力资本信息的质量较高，企业内部管理者和股东、外部投资者与管理者之间的信息不对称程度便可以降低，对于企业的经营状况和盈利水平，投资者就更容易知晓，从而降低信息风险，避免投资者的逆向选择，即风险的降低可以使投资者因避免高风险所预期的预期回报率随之降低，企业的融资成本下降，企业需要应对的融资约束问题得以缓解，企业就能将节约出的融资成本应用于项目投资，获取更大利润进而创造价值。即智力资本信息披露→减少逆向选择→降低融资成本→缓解融资约束→提升企业价值。当企业披露的智力资本信息质量较高时，基于信号传递理论，智力资本信息就能发挥资本定价的显著功效。充分披露智力资本信息使利益相关者降低过高预期回报率，使预期回报率控制在正常水平，这一利好结果便能帮助企业降低融资成本，缓解融资约束。因此，如图 2 - 5 所示，从融资约束的视角来看，智力资本信息能够对企业价值产生影响。

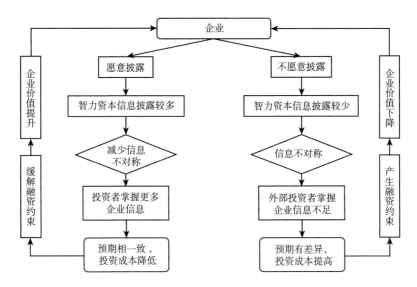

图 2 – 5　融资约束视角下智力资本信息披露影响企业价值的传导分析

2.3.2　智力资本信息披露影响企业价值的整体分析框架

本书依据信号传递、委托代理、融资约束以及投资者行为等理论，推演智力资本信息作用于企业价值的路径及机理，以市场反应和融资约束两个视角为切入点，对智力资本信息披露影响企业价值的整体框架进行构建，具体如图 2 – 6 所示。

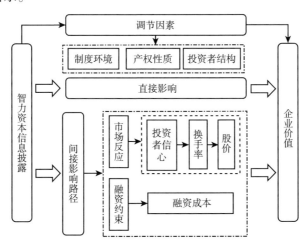

图 2 – 6　智力资本信息披露影响企业价值的理论分析框架

在图 2 - 6 中，最左列表示能够对智力资本信息披露产生影响的外部因素。当智力资本信息披露作用于企业价值时，总要处于一定的制度环境当中，智力资本信息披露对企业价值的影响势必也要受到市场化程度、产权性质以及投资者结构等外部因素的限制，外部因素的不同会使得两者之间的影响产生一定的差异。框架图中间为智力资本信息披露，该变量会受到企业投资者和管理者的影响，为了解决管理者与投资者间因为信息不对称而产生的代理问题，满足投资者的投资意愿，规避管理者逆向选择和道德风险问题，企业应充分披露智力资本信息。框架图中间第三列为影响路径，包括市场反应路径和融资约束路径。分别利用单一路径，结合理论分析和实证检验，研究在智力资本信息披露影响企业价值过程中，市场反应和融资约束能否发挥中介效应。需要值得深入探讨的是，投资者信心和融资成本在该机制中所发挥的中介效应。框架图最右边一列为企业价值，本书对于企业价值的衡量选用 Tobin's Q 值。

2.4　本章小结

本章系统全面地对智力资本信息披露影响企业价值的理论逻辑进行了理论分析。首先，界定分析了智力资本信息和企业价值的内涵；其次，利用信息不对称理论、代理理论、信号传递理论、融资约束理论、投资者行为理论等经典基础理论，对智力资本信息披露影响企业价值的原理进行深度阐述；最后，对智力资本信息披露影响企业价值的机理路径进行分析，基于市场反应和融资约束两个视角，分析智力资本信息通过提升投资者信心和缓解融资约束进而影响企业价值的传导路径，并系统构建了智力资本信息披露影响企业价值的整体理论分析框架。本章为全书的核心章节，是全书的理论基础。

智力资本信息披露对企业价值的
直接影响研究

由于数理模型在逻辑上指出了变量之间的内在关联关系，因而基于成本收益模型，建立智力资本信息披露影响企业价值的数理模型，从数理上逻辑演绎得出智力资本信息披露对企业价值的影响，并基于市场反应和融资约束双重角度，理论分析与逻辑演绎上市公司智力资本信息披露影响企业价值的路径。智力资本信息披露影响企业价值主要通过两条逻辑路径：①智力资本信息披露→增进投资者信心→提高股票价格→提升企业价值；②智力资本信息披露→缓解融资约束→降低融资成本→提高企业价值。

3.1 智力资本信息披露影响企业价值的数理模型

3.1.1 数理模型的前提假设

基于资源交换理论，企业的生存发展需要由政府提供必备的资源，企业对政府资源有依赖关系，同时，政府相关部门对企业具有监督职能。而企业的智力资本自愿信息披露能够节省政府的监督成本。信息不对称理论认为，信息不对称会导致"道德风险"和"逆向选择"。依据委托代理理论，委托代理问题可以转化为委托人设计一个激励代理人从事有利于自己效益提升的行动策略。而代理人将致力于选择能使自身效用最大化的行动。基于此，本书认为能够以博弈论为基础构建企业和政府间的博弈模型，并利用该模型研究智力资本信息对企业价值的影响。模型构建面临如下约束条件：

（1）激励相容约束：政府只有在企业实现效用最大化的前提下，才能获得令政府期望效用最大化的行动。

（2）参与约束：企业只有在参与行动的效用超过不参与任何行动的期望效用的前提下才会选择参与行动。

这两个约束条件是在委托代理和激励机制的基础上衍生出来的，是下面进行模型推导的基础。为了方便模型构建，本书提出如下假设：

（1）企业智力资本信息披露的一个经济后果即企业价值，除了与企业智力资本信息披露的质量即 x 有关，还受到一些外生随机变量 μ 的影响。

（2）k 表示每单位企业的信息披露质量提升所带来的价值增长系数。披露的质量越高，企业的价值越高，即 $V = kx + \mu$。μ 表示随机变量，服从均值为 0，方差为 σ^2 的正态分布，即 $N \sim (0, \sigma^2)$。

（3）企业的智力资本信息披露是有成本的，包括披露智力资本信息的宣传费用，也包括材料费用，以及涵盖相关中介机构、律师法务费用、评估费用等。

3.1.2 数理模型的构建

（1）企业的成本。

$$c = m + bx^2 \qquad (3-1)$$

企业的智力资本信息披露成本包括固定成本 m，表示一些股东成本如中介费用、评估费用等。但企业智力资本信息披露受到多种来源渠道的限制。而随着来源渠道的扩展，成本成倍增长，因此呈现成本规模递增。b 表示单位企业的智力资本信息披露所产生的成本系数。

（2）企业的收益。

$$V = (kx - m - bx^2)(1 - p) \qquad (3-2)$$

其中，$(kx - m - bx^2)$ 表示企业的效用，即企业的价值增值和成本的差额。

然而，由于基于资源交换理论，企业需要付出对应的成本，p 表示由于企业的智力资本投入造成的价值升值带来的政府的效益提高系数，而 $p(kx - m - bx^2)$ 就是政府的收益，也是企业建立政治资源需要付出成本的一部分。

（3）政府的成本。政府对企业有监督职能，如果企业主动披露智力资本的相关信息，这有利于政府全面了解企业的智力资本信息情况，从而政府部门的调查成本减少。

$$c = n - sx \qquad (3-3)$$

其中，n 是政府对企业监督的固定成本，包括人员的收入。s 表示由于企业信息披露质量提高而减少的成本系数。p 表示由于企业的智力资本创新造成的价值升值带来的政府的效益提高系数，则政府的收益为：

$$Vg = p(kx - m - bx^2) - n + sx \qquad (3-4)$$

3.1.3　模型的推导分析

根据激励相容约束，我们只需要研究企业效用最大化时，企业将会采取政府所希望的行动。具体机制问题如下所示：

$$\max : V = (kx - m - bx^2)(1 - t) \qquad (3-5)$$

当 $\dfrac{\partial V}{\partial x} = 0$，此时 $x = \dfrac{k}{2b}$。

由此可知，当每单位企业智力资本信息披露提升所需要的付出成本系数越大时，企业的智力信息披露水平就会越低。这也说明如果当企业智力资本信息披露的质量提升需要企业付出的成本超过预期时，企业的智力资本信息披露质量就会降低，同时，企业的单位智力资本信息披露质量的提升，使得企业价值增长效应越强。这也说明，企业的智力资本信息披露的质量与企业价值成正比。

需要注意的是，这个方程还需要满足一个前提条件，即参与约束条件，如式（3-6）所示，其中 ϖ 表示企业不进行智力资本信息披露时的保留效用，则：

$$V = (kx - m - bx^2)(1 - p) \geqslant \varpi \qquad (3-6)$$

我们将 $x = \dfrac{k}{2b}$ 代入式 (3-2) 可求得最大化利润为：

$$V = (kx - m - bx^2)(1 - p) = (1 - p)\left(\dfrac{k^2}{4b} - m\right) \qquad (3-7)$$

我们将 $x = \dfrac{k}{2b}$ 代入式 (3-4) 就可以求得政府最大化的利润为：

$$Vg = p\left(\dfrac{k^2}{4b} - m\right) - n + \dfrac{sk}{2b} \qquad (3-8)$$

而考虑到政府的收益函数是单调递增函数，即当政府效用提高越高时，政府收益越大，此时政府制定系数并不能无限增大，否则企业将会选择不采取任何行动。因此，为了维持较为稳定的收益水平，就需要更多考虑企业的意愿。

我们将 $x = \dfrac{k}{2b}$ 代入式 (3-6) 就可以求得政府效用提高系数的范围，所以效用提高系数只有在如下条件下才能激励企业参与智力资本信息披露：

$$p \leqslant 1 - \dfrac{4b\varpi}{k^2 - 4bm} \qquad (3-9)$$

综上所述，我们可以得 $x = \dfrac{k}{2b}$ 和 $p \leqslant 1 - \dfrac{4b\varpi}{k^2 - 4bm}$，企业的价值为：

$$Vg = \varpi \qquad (3-10)$$

综上所述，我们发现政府的效用提高系数如果过高，企业将进行智力资本信息披露的概率就会较低，且存在一个临界值，若政府的效用提高系数低于这个临界值，企业智力资本信息披露质量的提升就会带来企业价值的增长，即企业每单位智力资本信息披露质量的提升会导致企业价值增长效应增强，从而令企业进行智力资本信息披露的意愿增强。因此，在满足两个约束条件下，企业智力资本信息披露质量和企业价值存在正相关关系。

3.2   多源化智力资本信息披露指数的构建

3.2.1   多源化智力资本信息披露指数的数据来源

当前有关智力资本信息披露研究的数据来源大多源于年报和独立的智力资本报告。但是也有学者提出有关信息披露的数据来源不应局限于传统信息媒体，企业可以将描述业绩表现的信息通过 Web 网页进行。这主要是因为传统的企业年报披露的内容具有局限性，多为财务指标，而有关企业经营活动、员工动态、企业文化等非财务信息无法在年报中及时体现，Web 这一新媒体产生能够吸引更多的关注，并能弥补传统年报较少披露企业智力资本等非财务信息的缺点（Aerts et al.，2008）。中国证监会 2007 年出台的《公开发行证券的公司信息披露内容与格式准则第 2 号——年度报告的内容与格式》中明确规定："所有公司都应在财务报告管理层讨论与分析部分详细披露有关公司未来发展方面的非财务信息"，各上市公司已按照证监会要求在年报、招股说明书等传统媒体中披露部分智力资本信息。但是这些传统媒体在信息传播中存在单向告知的弊端，且传播的信息需要被审核，公众接收到的信息经过人为的选择和过滤，导致信息传播具有一定的滞后性。随着信息技术的发展和网络普及度的提高，微博、微信、微视频等自媒体正逐步改变着中国传播生态和舆论格局。微博等自媒体依托于互联网，其信息传播具有快速性、及时性、裂变性等特点，正是这些特点打破了传统媒体的局限，提升了信息的传播速度和广度，颠覆了传统信息的类型、数量及其传播方式（Miller and Skinner，2015）。伴随着微博用户的快速增长，许多公司开通微博账号。从投资者角度看，微博用户通过"评论""点赞""私信"功能进行信息交互，使得公司传递给利益相关者的信息从原有被动的单向流动向互动的双向交流转变。这种转变促使微博已经成为公司与投资者之间重要的信息交流平台和媒介。从公司的视角，自媒体有助于坚持一对多通信，绕过传统媒体，将公司预期信息传播到所有利益相关者（Lee et al.，2013）。因此，许多上市公司意识到并且开始接受自媒体作为重要信息的可行披露渠道。米勒和斯金纳（2015）通过对首席财务官和其他从业人员的访谈，发现上市公司对外披露信息的媒体发生了较大变化，这些变化包括自媒体的出现及其作为自愿披露渠道被广泛使用。而媒体的变化又对企业披露政策产生了一定影响。与此同时，公司利用微博发布的信息不再局限于财务信息，有关智力资本等非财务信息也不断增加。陈信元等（2016）研究企业特质性信息的披露情况时，曾发现有大部分公司已经使用微博这一新兴媒介，其所披露特质性信息中有84%是在公告以外，整体信息的69%为公司经营信息。这表明微博等网络新媒体上发布的信息已经成为投资者重要的信息来源。从监管机构来看，世界各国虽然资本市场的发展程度存有差异，但都已开始着手制定相关的法规及政策规范引导新媒体信息的发布，鼓励上市公司选用微博等新媒体披露公司信息。在资本市场较为成熟的美国，已经出台了法律放开公司在Twitter及Facebook等自媒体上披露信息的权限，法律规定上市公司可以利用新媒体途径披露信息，但需要在披露前告知投资者信息披露的具体平台名称。而在我国证券市场中，虽未有正式法律法规出台，但是证监会关于微博等新媒体的使用也已数次发表声明，强调要鼓励上市公司通过新媒体披露信息，并且要对披露的内容及形式加以规范。尽管公司、监管机构、投资者等利益相关者越来越重视，但是在学术上，专门针对互联网和自媒体信息披露及其经济后果的理论研究文献却很少见。

目前，在知识资产日益重要的背景下，通过微博披露信息的上市公司多为知识型高新技术企业，其发布的微博信息涉及公司经营、财务、研发、声誉、人力等多个方面，而这些方面恰恰丰富了企业智力资本信息披露。何贤杰等（2016）指出上市公司通过微博披露信息的内容囊括公司业绩类、政治关系类、经营活动类、社会责任及澄清类等多个方面，涵盖了研发创新、企业荣誉、销售合同等信息，通过微博披露的信息中84%为公司正式公告披露之外的信息。关于Westpac银行Twitter的研究结论也说明，自媒体是一种超越了智力资本信息报告的新型媒介，定期在互联网上披露智力资本相关信息有助于利益相关者作出决策（Dumay，2016）。因此，鉴于我国智力资本信息主要通过年报披露，故本书的数据来源以年报为主，但也会采纳互联网、微博等新兴媒体所披露的智力资本信息作为数据来源。这主要是因为当前我国有关智力资本信息披露框架仍未统一，对于智力资本信息披露的渠道、形式、内容都未有明确的规定，企业披露的随意性、自由度、灵活性较大，所以除传统的年报披露方式之外，网站、微博都可以成为披露智力资本信息的载体。而这些新兴载体具有鲜明的自身特点，相对于年报古板的披露样式，新媒体披露的信息语言更具亲和力及表现力，传播信息更为精细、集中、及时，特别是在相对敏感的问题上，信号传递的作用更为凸显。与此同时，通过新媒体传播的信息直接面向大众，企业投资者能够缩短接收智力资本信息的时间差，方便快捷地掌握公司情况，减少收集信息的成本。同时，对于企业而言，新媒体披露的智力资本信息量相比年报披露的数量急剧增多，能够全方位立体化反映企业的整体智力资本运营情况。因此，本书所指的智力资本信息不仅包括年报披露的智力资本信息，而且包括公司网站、官方微博等新媒体所披露的智力资本信息。本书利用网络爬虫技术收集公司网站、微博等新媒体中有关智力资本信息的相关数据，这些数据多为 HTML 格式的信息。HTML 格式的信息不属于监管范畴，数据相对原始保真，未掺杂预测分析师的观点（Hope，2003），在网络爬虫的基础上，通过人工进行复核。

3.2.2　多源化智力资本信息披露数据收集方法与过程

本书之所以要设计多源化智力资本披露指数，出于以下几点理由：第一，我国当前未建立智力资本信息专业统一的数据库，存在数据获取困难、数据质量参差不齐的问题；第二，由于具有披露信息量大、披露速度快的特点，网站和微博等新兴媒体已经成为智力资本信息的重要披露渠道，国内外学者已经纷纷将此部分来源的数据纳入研究的范畴；第三，关于智力资本信息披露的研究还处于起步阶段，需要对新领域不断尝试，而本书所设计的多源化智力资本信息披露指数正是一种探索，试图对多源化智力资本信息披露展开深入研究。

本书使用的智力资本信息数据由年报披露的智力资本信息和以公司网

站、微博等非年报形式披露的智力资本信息汇总而来，对于公司网站、微博披露的智力资本信息主要是通过网络爬虫技术收集。网络爬虫技术在搜索引擎系统中发挥着十分重要的作用，借助在信息抓取过程中不间断抓取信息的优势，网络爬虫技术通过从不同网页中的实时抓取，实现了大量抓取信息量这一目标。有学者曾利用该技术搜索网络媒体报道篇数，得出的数据代表公司智力资本信息披露的频率（Lee et al.，2013）。网络爬虫技术是按照既定的规则和算法，遵循互联网搜索策略，自动搜索并抓取网络信息的技术程序。因此，本书将选取 2013～2017 年中国上市企业作为研究样本，结合年报，并收集网站、微博等新兴媒体披露的智力资本信息，主要数据收集步骤如图 3－1 所示。

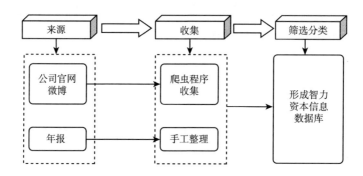

图 3－1　多源化智力资本信息披露数据收集思路

第一步，确定智力资本信息来源渠道。选择的渠道主要包含两大类，一是选择企业年报，二是选择企业官方微博和官方网站两种媒体渠道利用网页披露的智力资本信息作为数据来源。这主要是因为：第一，在国内特有的体制背景下，我国上市公司主要采取会计年报对智力资本信息披露，未有企业通过独立报告来披露智力资本信息；第二，上市公司对新技术的应用接受度较高，利用网站发布与企业经营有关的信息逐年递增（Frost，2004；Isenmann and Lenz，2002）。通过实证研究，证实当公司披露的信息源于网站和微博等自媒体渠道增多时，年报披露的信息就会相应减少（Guthrie，2005；Dumay et al.，2007）。在披露智力资本信息的渠道中公司网站等网络载体已占据重要地位（Oliveras et al.，2012）。

第二步，收集智力资本信息相关数据。第一，对于年报中智力资本信息的收集，本书采用手工整理的方法，对与企业智力资本相关的信息进行梳理。第二，基于网络爬虫技术对互联网中有关智力资本的数据进行收集，为了全面展开收集工作，本书编写了能够执行自动抓取的网络爬虫程序，抓取公司网站、微博等 Web 网页中披露出来的智力资本信息。明确抓取的智力资本信息为企业向投资者披露的所有智力资本信息这一含义后，设定"公司名 + 关键词"开始数据抓取工作。最终将两种途径整理出的数据进行汇总，初步形成本书实证研究所需的数据源。

第三步，筛选智力资本信息数据。首先，对初步形成的数据源进行分析去重，鉴于本书通过网络爬虫所抓取到的信息来自网站、微博等多种渠道，由于爬虫程序不能自动去重存，因此需要利用数据挖掘，按照信息标题，将每一企业所获得的信息总量进行排序，删除标题重复的信息；其次，对删除重复项后的数据分类，在主题信息爬取时，主要通过"智力资本"等 50 个关键词控制爬虫信息采集方向，将收集到的互联网信息作为一个"总种子集"，随后设定关键词主题，主题爬虫从"总种子集"出发，爬取智力资本主题信息；最后，对手工整理出的年报信息进行分类，分类标准与网络爬虫关键词主题相一致，最终形成智力资本信息披露的数据库，为后面智力资本信息披露水平测算奠定基础。

为检验数据收集的质量和效果，研究者随机抽取了上市公司进行检验，基于网络爬虫采集信息的准确率为 78.8%。与此同时，为保证数据的真实及准确性，在网络爬虫结果的基础上，手动对上市公司智力资本披露相关的年报、微博、公司网站进行数据搜集，从总体上看，本书收集的信息质量满足要求，采集信息较为准确。

3.2.3　多源化智力资本信息披露内容框架

为了保证多源化智力资本信息披露框架的科学性，本书运用德尔菲（Delphi）法找专家问卷调查，筛选出适合的要素指标，构成并优化多源化智力资本信息披露框架。德尔菲法能够充分运用专家经验、知识积累和主观判断进行定性研究，而目前我国智力资本信息分类方面还未形成公认的指标体系，因此采用德尔菲法对智力资本信息分类指标进行核定是较为合理的。本书借鉴已有研究的做法（Edvinsson et al.，1997；Li et al.，2012；张丹，2008；傅传锐，2016）。在被广泛引用的加斯里（2005）智力资本的分类框架基础上，融合当今学术界对智力资本的构成及其具体内容的认识（陈平，2011；蒋艳辉和李林纯，2014）。与此同时，由于本研究从多种来源提取智力资本信息，因而在设计多源化智力资本信息披露指数框架时，亦参考了学术界有关上市公司网络新媒体信息披露的研究（王倩倩，2013），并考虑到我国上市公司智力资本信息披露的实际情况，在初轮筛选中，将多源化智力资本信息设定为一级评价指标，下设人力资本、结构资本、关系资本3个二级指标，并在3个二级评价指标下设立47个三级指标，具体初轮筛选出的三级指标设定如表3－1所示。

表3－1　　　　　　　初轮筛选多源智力资本信息披露指标

一级评价指标	二级评价指标	三级评价指标
多源化智力资本信息	人力资本（13项）	员工教育背景、员工男女比例、员工年龄、员工招聘信息、专业员工比例、专业技术能力、创新能力、高端人才比例、管理者管理水平、教育培训、员工薪酬福利、员工满意度及认同感、员工流失率
	结构资本（15项）	组织架构、业务流程、技术创新、公司文化、发展战略、管理哲学、经营理念、经营计划、环境保护、知识产权及核心技术、商业机密、研发投入、公司运作效率、信息网络系统、管理过程
	关系资本（19项）	公司声誉、品牌威望及商标知名度、取得荣誉、社会责任、荣誉奖励、投资者关系、商业伙伴战略同盟数、客户关系、客户满意度、客户忠诚度、客户增长比例、客户维护费用、对公司有影响的大合作项目或合同、供应商关系、商业渠道、市场份额及占有率、营销战略、营销方式、营销途径

根据德尔菲法的应用步骤，本书共实施三轮专家问卷调查，并邀请专家提供开放题项意见。第一轮征求专家对初步拟定的3个二级指标和47个三级指标的修改意见并做适切度询问，随后回收问卷并予以统计，根据专家建议过滤掉明显劣势的指标，第二轮、第三轮均对上一轮进行调整后进行问卷

调查，最终筛选出最具有代表性的评估指标。对每一轮发放的问卷的结果进行分析，如果专家中选择相同的人数达到 80% 以上，那么一致性检验可以通过，指标体系随之建立。

德尔菲法调查在专家选取方面需要满足的条件为专家团队多于 13 人且误差的离散性较低（Mitchell，1991）。本书专家问卷调查共邀请相关领域 100 位专家学者（主要为高校教授、副教授、博士及上市公司高管人员）参与，实际三轮全部参与并反馈结果的专家为 84 位，专家背景信息如表 3 - 2 所示。

表 3 - 2　　　　　　　　　　专家背景信息

分类名称	名称	人数（人）	占总人数比例（%）
身份	教授	30	35.71
	副教授	31	36.91
	高管人员	14	16.67
	博士	9	10.71
研究年限	10 年以上	39	46.43
	5 ~ 10 年	30	35.71
	1 ~ 5 年	15	17.86
性别	男	50	59.52
	女	34	40.48

在三轮筛选过程中，我们分别设计了调查问卷对二级指标和三级指标的适切度进行调查，对二级指标共设立了 1 ~ 5 级适切度，1 级适切度表示"非常不恰当"，2 级适切度表示"不恰当"，3 级适切度表示"没有意见"，4 级适切度表示"恰当"，5 级适切度表示"非常恰当"。由于三级指标个数较多，为方便计量，调查问卷采用两分法，即对待指标，专家需要作出是否同意两种选择，"1"代表专家同意指标建立，"0"表示不同意或未作出选择。专家只需根据情况进行打分，对问卷中各项指标一致性及离散分布情况、适切度评分的均值等情况利用统计学进行分析。通常，当 80% 以上的专家选项相同，则通过一致性（Murry and Hammons，1995）。本

书的二级指标80%以上受调查的学者表示同意，标准差小于1，因此该指标项符合一致性。

专家对二级指标适切度的打分情况见表3-3。如表3-3所示，3项二级指标适切度问卷结果显示："非常恰当""比较恰当"占比总和100%，说明专家们对人力资本、结构资本、关系资本的适切度认可度较高，因此，在第一轮中二级指标均达成一致，不需进行第二轮和第三轮的筛选。经过三轮的筛选过后，如表3-4所示共有7个三级指标不能达到一致，因此，剔除该7个指标。

表3-3　　　　　　　　二级指标适切度结果分析表

序号	评估指标	问卷调查结果						第二轮	第三轮
		第一轮					一致性		
		非常恰当	恰当	没有意见	不恰当	非常不恰当			
		5	4	3	2	1			
1	人力资本	71.42	28.58	0.00	0.00	0.00	达成一致		
2	结构资本	85.71	14.29	0.00	0.00	0.00	达成一致		
3	关系资本	64.29	35.71	0.00	0.00	0.00	达成一致		

表3-4　　　　　　　不能达到一致的三级指标适切度结果分析表

序号	评价指标	第一轮				第二轮				第三轮			
		同意人数（人）	同意比例（%）	描述项平均数	一致性	同意人数（人）	同意比例（%）	描述项平均数	一致性	同意人数（人）	同意比例（%）	描述项平均数	一致性
1	营销方式	37	44.05	0.44	不一致	41	48.81	0.49	不一致	35	41.67	0.42	不一致
2	营销途径	34	40.48	0.40	不一致	39	46.43	0.46	不一致	33	39.29	0.39	不一致
3	取得荣誉	32	38.10	0.38	不一致	35	41.67	0.42	不一致	29	34.52	0.35	不一致
4	发展战略	28	33.33	0.33	不一致	29	34.52	0.35	不一致	24	28.57	0.29	不一致
5	经营计划	36	42.86	0.43	不一致	30	35.71	0.36	不一致	37	44.05	0.44	不一致
6	员工男女比例	26	30.95	0.31	不一致	24	28.57	0.29	不一致	22	26.19	0.26	不一致
7	员工年龄	19	22.62	0.23	不一致	16	19.05	0.19	不一致	21	25.00	0.25	不一致

综上分析，最终得到多源化智力资本信息披露最终筛选的指标体系，见表3-5。

表3-5   多源智力资本信息披露内容框架

智力资本信息披露分类	内容
人力资本（11项）	员工教育背景、员工招聘信息、专业员工比例、专业技术能力、创新能力、高端人才比例、管理者管理水平、教育培训、员工薪酬福利、员工满意度及认同感、员工流失率
结构资本（13项）	组织架构、业务流程、技术创新、企业文化、管理哲学、经营理念、环境保护、知识产权及核心技术、商业机密、研发投入、公司经营效率、信息网络系统、管理过程
关系资本（16项）	公司声誉、品牌威望及商标知名度、社会责任、荣誉奖励、投资者关系、商业伙伴战略同盟数、客户关系、客户满意度、客户忠诚度、客户增长比例、客户维护费用、对公司有影响的大合作项目或合同、供应商关系、商业渠道、市场份额及占有率、营销战略

（1）人力资本信息。人力资本（human capital）是指企业员工接受培训、教育等经历后体现出的经验、技能等。人力资本是企业具有生命力的资本，它比固定资产、银行存款等物质资本具有更大的增值潜力，有助于企业占据优势竞争地位，是企业所拥有的重要财富以及创造更大财富的主要来源。

本书研究的人力资本信息包括11个要素：员工教育背景、员工招聘信息、专业员工比例、专业技术能力、创新能力、高端人才比例、管理者管理水平、教育培训、员工薪酬福利、员工满意度及认同感、员工流失率。这11个要素可以概括为以下三个方面。

第一，员工基本状况，包含员工教育背景、员工招聘信息、专业员工比例、专业技术能力、创新能力等基本情况。目前，我国上市公司的年报中均披露了本公司员工的数目、年龄分布、专业构成等信息。

第二，管理层情况，包含高端人才比例、管理者管理水平两个要素，主要是指企业的董事会成员和管理人员的基本情况。当前，我国有关管理层的详细信息大多在年报中进行了披露。

第三，人力资源制度和政策，包含教育培训、员工薪酬福利、员工满意度及认同感、员工流失率等因素，主要是指公司制定的包括考核、培训、晋升、薪酬等一系列劳动人事制度和培训活动。

（2）结构资本信息。结构资本（structure capital）是指公司建立的整合、协作机制，结构资本能够促使个体间相互交流，将个体的专业知识经验彼此融合，最终形成企业集体财富，结构资本的存在能够持续地将人力、关系资本相黏合，促使各要素相互转化。

本书研究的结构资本信息包括 13 个要素：组织架构、业务流程、企业文化、管理哲学、经营理念、技术创新、知识产权及核心技术、商业机密、研发投入、公司经营效率、环境保护、信息网络系统、管理过程。这 13 个要素可以概括为以下五个方面。

第一，组织基本情况，包含组织架构、业务流程两个要素，组织基本情况是指企业管理的基本骨骼和框架，是对企业中各部门及岗位的界定，在组织协调企业各方互相配合时能够发挥重要作用。

第二，企业价值观念情况，包含企业文化、管理哲学、经营理念三个要素，企业价值观念情况是指企业通过长期实践所形成并遵循的具有企业特色的价值观念、行为规范和思维模式的总和。

第三，企业无形资产情况，包含技术创新、知识产权及核心技术、商业机密、研发投入四个要素，主要是指企业能够获得竞争优势所拥有或控制无形资产，我国企业年度报告中涵盖此部分内容，是证监会要求上市公司强制性披露的内容。

第四，经营战略情况，包含公司经营效率、环境保护两个要素，主要是指企业为应对激烈的市场竞争，为实现企业的长期发展而进行的整体性规划，它集中体现了企业的战略高度。

第五，管理方法与运作情况，包含信息网络系统、管理过程两个要素，主要是指企业为提高经济效益和竞争力，采用网络技术等一系列现代化技术所制定的方法和战略。

（3）关系资本信息。关系资本（relationship capital）是指企业为了实现经营目标，与外部利益相关者之间建立的关系，并为维持经营该关系而进行投资所形成的资本。为了谋求企业的生存和发展，在激烈的市场竞争中坐拥一席之地，企业就必须恰当处理与政府、供应商等利益相关者之间的关系。

本书研究的关系资本信息包括 16 个要素：公司声誉、品牌威望及商标知名度、社会责任、投资者关系、荣誉奖励、商业伙伴战略同盟数、客户关系、客户满意度、客户忠诚度、客户增长比例、客户维护费用、对公司有影响的大合作项目或合同、供应商关系、商业渠道、市场份额及占有率、营销战略。这 16 个要素可以概括为以下五个方面：

第一，企业形象情况，包含公司声誉、品牌威望及商标知名度、社会责任、荣誉奖励 4 个要素。企业的形象是客户或其他利益相关者有关企业提供的服务及产品的印象，是企业差异化的具体体现。

第二，投资者情况，包含投资者关系、商业伙伴战略同盟数 2 个要素，是指公司与投资者、债权人之间的关系情况。投资者关系的维护能提高投资者的参与度，有利于充分保护投资者的利益。

第三，客户情况，包含客户关系、客户忠诚度、客户满意度、客户增长比例、客户维护费用、对公司有影响的大合作项目或合同 6 个要素。客户情况是指企业产品或服务的需求者情况。上市公司年报中一般都披露了"主要供应商和客户"信息。

第四，供应商情况，包含供应商关系这一要素，是指与企业业务上往来、所开展合作关系的供货商情况。

第五，营销情况，包含商业渠道、市场份额及占有率、营销战略 3 个要素，营销情况为达到向消费者销售商品和服务的目的，而选择的通道、路径、策略、方法的情况。

目前，我国度量智力资本信息的标准还未统一。但在现有研究中，计量智力资本信息披露方法大致可分为内容分析法和指数法。已有的大部分文献均采用内容分析法（Vivien et al.，2007；Abeysekera and Guthrie，2005；张丹，2008）。内容分析法主要是通过对年报内容的分析和归类，找出其特征并将其数量化。采用内容分析法对上市公司年报披露的智力资本信息计算相加，得出的绝对值不便于比较。与此同时，年报中的智力资本信息大部分用图表、文字表示，涉及分析单元的选择，因此此方法近年来颇受批评。相比之下，指数法的计量相对较为准确，具体测定时先将智力资本信息分出二级指标，随后将二级指标细化为三类指标，再给每个三类指标赋值，最后汇总所有三类指标的得分。考虑到本书研究的智力资本信息为多渠道来源，采用内容分析法不能准确地计量和比较，影响研究结果的准确性。因此，为了弥补这一缺憾，本书所设计的智力资本信息披露指数是在利用内容分析法统计的基础上，根据披露数量及内容质量进行赋值，并参照国内学者们的做法，用赋值加总后的得分与该年度披露总分值的比值作为智力资本信息披露的度量指标。该指数为相对值，方便不同年度和公司的智力资本信息进行比较。

在研究过程中，纵观国内与国外相关领域的主流研究成果，本书参照了智力资本信息披露相关度量的普遍做法（Boujelbene and Affes，2013；Marta，2018），但由于内容披露的程度没有法定的公文对每个词汇表述的水平进行规范，所以本书在费尔和威廉姆斯（2002）规范的基础上略作调整，并将其分为 4 个等级。

在评分规则中权重的计量方面，为了保证科学性和严谨性，本书运用了3.2.3 中的德尔菲法，就权重是否合理向专家们进行了问卷调查，结果根据专家意见整理统一，评分权重如表 3-6 及表 3-7 中所示。在评分过程中，为了降低个体主观差异带来的评分误差，保证智力资本信息的准确客观，先后选择智力资本信息中相同的部分由多人分析内容并予以打分，结果显示差异不大，结果基本一致。

表 3-6　　　　　　　　　　　　　单一披露渠道评分规则

得分	无任何披露信息	包含某项智力资本信息的文字性描述	包含某项智力资本信息的数据	既包含文字性描述又包含相关数据
公司年报	0.00	1.00	2.00	3.00
官方网站	0.00	0.50	1.00	1.50
官方微博	0.00	0.25	0.50	0.75

表 3-7　　　　　　　　　　　　　多渠道披露评分规则

得分	无任何披露信息	包含某项智力资本信息的文字性描述	包含某项智力资本信息的数据	既包含文字性描述又包含相关数据
公司年报	0.00	1.00	2.00	3.00
官方网站	0.00	0.50	1.00	1.50
官方微博	0.00	0.25	0.50	0.75
双渠道（年报+网站）	0.00	1.50	3.00	4.50

得分	无任何披露信息	包含某项智力资本信息的文字性描述	包含某项智力资本信息的数据	既包含文字性描述又包含相关数据
双渠道（年报＋微博）	0.00	1.25	2.50	3.75
多渠道（年报＋网站＋微博）	0.00	1.75	3.50	5.25

参照蒋艳辉（2014）的做法，智力资本多源化信息披露指数（ICDI）是由智力资本多源化信息披露得分除以智力资本多源化信息披露满分构成，即：

$$ICDI_i = \sum_{i=1}^{40} X_i Y_i / 210 \qquad (3-11)$$

其中，$ICDI_i$ 为第 i 个公司的智力资本信息披露指数；X_i 表示第 i 个指标在年报中得以披露；Y_i 表示第 i 个指标所占的权重。为避免在对各智力资本项目分类确定权数时的主观性，将公式中 Y_i 设定为 1，即智力资本项目设定的分类权数为 1，而在实际中，每个公司披露智力资本信息的偏好和内容都有差异，因此，从各公司来看，智力资本信息的披露对其自身的重要程度是相同的。

为进一步验证利用上述方法计算出的多源化智力资本信息披露指数值是否可靠，本书在借鉴（Eugénia and Alves，2018；Krippendorff，2009）研究的基础上，参照傅传锐和王美玲（2018）的方法，运用 Krippendorff alpha 信度检验样本的计分结果。首先，依据《上市公司行业分类指引》（2012 年修订版），按照行业对总样本进行分层抽样，计算出抽样数 H，即：

$$H = m \times h \qquad (3-12)$$

$$h = n/N \qquad (3-13)$$

$$m = (M \times Z^2 \times sig^2)/(M \times d^2 + Z^2 \times sig^2) \qquad (3-14)$$

在式（3-12）、式（3-14）中，m 表示必要的样本单位数。在式（3-12）、式（3-13）中，h 表示分层抽样中各层的抽样比例。在式（3-14）中，M 代表总样本数量，Z 表示标准正态分布分位点值，d 表示期望极限误差，sig 表示总体误差。为便于计算，H 取整数。遵循稳健的原则，以上市公司作为研究样本，最终计算得出 H = 216，即需要抽取 216 份信息报告重新进行智力资本信息披露编码。

其次，为了提高分布的可信度，需要由两名及以上专业人员共同对抽取 216 份信息报告重新进行智力资本信息披露编码计分，此次编码由两名该领域博士生完成，参照李仁德（2012）的做法，将观测者对某一指标的 r 组数据进行观察，构建矩阵（3 – 15）、（3 – 16），计算出重新编码结果与原先的编码结果间的 α 系数。

组数据：

$$1 \quad 2 \quad \cdots \quad \chi \quad \cdots \quad r$$

观测者：

$$
\begin{matrix}
c_{i1} & c_{i2} & \cdots & c_{iu} & \cdots & c_{ir} \\
c_{j1} & c_{j2} & \cdots & c_{ju} & \cdots & c_{jr}
\end{matrix}
\tag{3-15}
$$

单位一致性矩阵：

$$
\begin{matrix}
 & 1 & \cdot & K & \cdot & \cdot & \\
1 & o_{11} & \cdot & o_{1k} & \cdot & \cdot & n_1 \\
\cdot & \cdot & & & & \cdot & \\
\cdot & \cdot & & & & \cdot & \\
c & o_{c1} & \cdot & o_{ck} & \cdot & \cdot & n_c = \sum_k o_{ck} \\
\cdot & \cdot & & & & \cdot & \\
 & n_1 & \cdot & n_k & & & n \sum_c \sum_k o_{ck}
\end{matrix}
\tag{3-16}
$$

α 系数的计算公式如下：

$$
\alpha = 1 - \frac{D_o}{D_e} = 1 - \frac{\dfrac{1}{n}\sum_c \sum_k o_{ck \times metric}\gamma_{ck}^2}{\dfrac{1}{n(n-1)}\sum_c \sum_k n_c n_{kmetric}\gamma_{ck}^2}
\tag{3-17}
$$

其中：

$$\mathrm{metric}\,\gamma_{ck}^{2} = \begin{cases} 0 & c = k \\ 1 & c \neq k \end{cases} \tag{3-18}$$

式（3-17）中 D_0 表示观测值的差异程度，D_e 表示预期观测差异程度的期望值。当编码人员不同，编码相同时，$D_0 = 1$；反之，$D_0 = 0$。o_{ck} 表示根据观测值构建的一致性矩阵及可靠性数据矩阵 c-k 或 k-c 成对的数量，n_k 和 n_c 表示一致性矩阵的边际分布值。

经过计算得出，各渠道评分的 Krippendorff α 系数最小值为 0.81，均在维默和多米尼克（Wimmer and Dominick，2003）指出的可靠性最低值 0.75 以上，所以可以认定多源化智力资本信息披露的计分结果具有可靠性。

3.3　多源化智力资本信息披露影响企业价值的实证研究

3.3.1　理论假设

有学者曾指出有关智力资本信息披露的理论基础研究较少，只有部分理论能够阐述智力资本信息披露的差异，如信息不对称和信号传递理论（Abeysekera，2011）。基于信息不对称理论，智力资本信息是企业非常重要的内部信息，公司与外部投资者之间的信息不对称可以得益于优质的智力资本信息进行缓解。究其原因，主要是因为资本市场属于信息市场，资源配置是否有效可以通过价格的信号机制进行引导（Wurgler，2000）。披露是否及时直接关系到向市场传递信号的好坏，投资者通过分析披露的智力资本信息掌握企业整体营运状况，增强投资者对企业的预期，避免逆向选择，进而提升企业价值。肖华芳和万文军（2009）曾通过实证研究表明，智力资本信息的披露可以使外界投资者获取更多有关企业的人才、经营战略的信息，能有效缓解信息不对称问题。与此同时，也有研究表明运用自媒体将信息传递给投资者，技术门槛低、发布渠道方便以及转发功能使得价值信息在短时间内得到关注，可以使投资者所面临的信息渠道迅速增加。这一新型的信息发布与传播力势必加速信息对资本市场的影响，一定程度上增进信息的透明度。

　　基于信号传递理论，资本市场的信息是内幕信息和公开信息的综合，内幕信息是指对于信息所在的集体或行业具备商业价值，被信息所在集体内部人员所知悉，但尚未对外公开的信息。我国法律规定禁止证券交易内幕信息的知情人和非法获取内幕信息的人利用内幕信息从事证券交易活动。在公司的内幕信息还未对外公布之前，投资者是无法从公开的渠道中获取的。对于公开信息，投资者可以通过公开的渠道获取，目前公众获得信息的主要途径是通过上市公司年报等传统媒体，随着微博等自媒体的兴起，越来越多的公司开始选择微博这样一个信息传播速度快、覆盖面广、交互性强的自媒体，投资者若能及时从微博上获取智力资本信息，基于信号传递理论就可以有效地区别高质量的公司和质量较差的公司。如果投资者获得的消息充足且利好，就有助于提升其对企业的客观认知水平，投资者就更愿意支付较高的股价，投资者行为导致市场作出积极反应，进而推动高质量公司的股价的上涨并促进了企业价值的提升。且自媒体信息披露无论从内容上还是形式上都存在较大的随意性，因为主流媒体对上市公司的采访和报道存在着诸多的限制和管控，而作为上市公司自媒体的微博、微信公众号则有着更大的自由度，其可在政策允许的范围内发布企业的各类信息，这不仅传达了更多的信号，而且传达信号的方式更易于被广大投资者接受。上市公司通过自媒体与投资者形成良好的互动，不失为一种成本极低的维护与投资者关系的方式。密集的自媒体披露使得上市公司更多的有利信息被推广扩散，可以明显影响甚至强化投资者对公司的正面认识，从而通过降低资本成本等方式提升企业价值。这就达到了通过自媒体信息披露降低交易成本和投资者信息获取成本的效果，从而优化资源配置、构建企业的竞争优势。可见，资本市场中的信号传递涉及传播媒体、投资者、市场和企业四个主体，这四个主体之间相互作用。为了达到提升企业价值这一最终目标，企业会积极且充分地披露相关信息，选择速度快、覆盖面广的自向投资者传递利好的信号，提高股票价格，最终提升其市场价值。智力资本信息传递过程如图 3-2 所示。

　　基于上述分析，智力资本信息披露虽会受到多种复杂因素的影响，但在

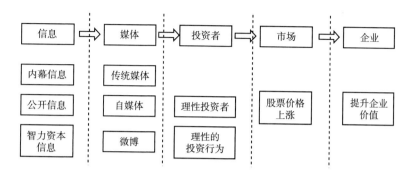

图 3 - 2　智力资本信息信息传递过程

企业创造价值的过程中仍发挥着重要作用。鉴于此，预期智力资本信息披露对上市公司企业价值有显著影响，由此提出假设 3.1：

假设 3.1：智力资本信息披露水平与当期企业价值正相关。

企业信息披露产生的影响效果是循序渐进的，会存在一定的滞后性。信息披露作用于企业价值的过程中包括信息由企业传递给投资者、投资者接收信息、利用信息作出决策、决策影响企业价值四个环节，而每一个环节都需要时间，传递的延迟就会导致滞后性的产生。智力资本信息披露对企业价值的滞后影响，主要有以下两个原因。

第一个原因是智力资本信息披露的机制与信息披露相一致，投资者接受智力资本信息的实效以及作出投资反应的速度都无形当中决定是否会产生滞后性。概括来讲，智力资本信息披露作用于企业价值需要经历信息传递以及信息反馈。信息传递过程是指公司选取编制有关经营业绩等投资者较为关注的信息，并将该信息向投资者传递，投资者接收并使用信息的过程（张兆国等，2013）。在信息传递的过程中，投资者获取信息的渠道不同直接关系到信息传递的效率（陈亮，2005）。以年报为例，年报需要层层审阅，从编制到对外公开需要的时间较长，而以微博等互联网渠道披露的时间则会大大缩短，智力资本信息影响企业价值可能在当期就能产生效果。因此，传递过程以及传递渠道都会造成时间延误，投资者可能立即收到公司披露的智力资本信息，也可能度过一段时间后收到信息，不同的接收时间点导致智力资本信息对公司的影响产生滞后。

第二个原因是智力资本信息披露影响企业价值时，转化存在延迟。投资者接收到公司披露的智力资本信息以后，会对收到的信息进行分析研判，研判结果势必会影响投资态度，使投资者改变投资行为，而投资行为直接关系到公司的绩效，最终给企业价值带来影响。该部分转化过程需要足够的时间才能予以实现，具体表现为：一是投资者研判信息到形成投资态度需要充足的时间，投资者接收到的智力资本信息主要由关系、结构、人力等方面的信息构成，这些信息能够反映公司的真实经营业绩和管理情况，但需要投资者逐项进行分析，投资者受到公司影响的同时需要依据自身感受作出判断（Wood and Jones，1995），因此需要根据分析产生结果的优劣才能产生积极或是消极的投资态度。二是投资者的态度转化为投资者行为需要一定的时间，智力资本信息的披露会对消费者选择偏好产生影响，购买行为也会发生改变（Nair and Kuma，2013）。倘若投资者得知企业投入较高智力资本而产生积极的投资态度时，即使企业暂未显示盈利，投资者也会改变其行为，对该企业股票的购买偏好增加。同样，投资者态度可能在当期发生变化，投资者立即改变其行为，当然也可能观望一段时间后再作出投资行为，这就使得智力资本信息披露影响企业价值因投资者行为的制约可能在当期显现，也可能延后出现，即出现滞后现象。

总而言之，智力资本信息披露对企业价值的影响可能出现在当期，也可能体现在滞后一期或是多期，这表明智力资本信息披露对企业价值的影响存在滞后效应，因此，本书认为当期的企业智力资本信息披露行为将对滞后一期或者多期的企业价值产生一定的影响，由此提出假设3.2：

假设3.2：智力资本信息披露影响企业价值存在滞后效应。

3.3.2 样本选择与数据来源

中国证券监督管理委员会《关于进一步做好创业板推荐工作的指引》（以下简称公告）明确规定创业板公司符合国家总体战略性发展，制定符合新兴产出发展的方向，界定创业板公司的参与的领域，这些领域大多具有较强的成长力和自主创新力，拥有研发优势及核心技术优势，涵盖节能环保、生物与新医药、信息、新材料、新能源、高技术服务等。本书拟选择创业板公司作为研究对象主要基于以下两点：一是创业板上市公司所属行业多为新兴产业，智力资本占据新兴产业核心地位，其重要性更为突出，因而创业板上市公司对披露智力资本信息的重视程度较高。二是通过3.2.2节介绍的方法，利用爬虫技术检索创业板上市公司的官方网站，并在微博中搜索含有经过真实身份认证的上市公司官方微博（不包括上市公司的控股股东、高管层及其子公司和分公司的微博），搜索后发现，截至2018年6月30日，2013年以前在创业板上市的354家公司中，开通官网网站的公司占到100%，开通官方微博的创业板上市公司共计131家，占比37%。因此，本书选取创业板上市公司作为研究对象能够更具代表性，且在数据方面具有一定的支撑力。

最终选取的研究对象为2013~2017年创业板上市公司中连续上市三年的公司，样本公司源于深交所公布的创业板上市公司名录。智力资本信息有关数据除上市公司年报披露以外，还将根据各上市公司网站公布的相关信息手工收集。与此同时，对于微博数据的收集，借鉴何贤杰等（2016）的做法，全部手工收集自新浪微博和腾讯微博。选取这两家微博平台是因为目前国内仅有该两家开通官方身份认证，且为国内主流微博排名前两名，具有广泛的受众群体，披露的信息拥有可靠性。为了确保我们手工收集信息具有权威性和说服力，选择包含上市公司名称且经过真实身份认证的加v微博用户。对于微博披露的信息整理筛选，删除如气象预报等与经营活动无关的微博信息，删除转发活动等与公司无关的微博信息，剔除金融类和数据不全的公司样本。本书中公司有关数据来源于上市公司年报、CSMAR数据库、锐思数据库、巨潮资讯网、深交所网站等。在数据收集方面，采用人工查阅、数据库查询、网络搜集等方法。本书所用的实证软件为Excel和Stata15。

3.3.3 变量定义与实证模型设计

3.3.3.1 变量说明

本书的主要变量如表3-8所示。

表 3 - 8   主要变量说明

变量类型	变量名称	变量符号	说明
被解释变量	企业价值	TQ	Tobin's Q
解释变量	智力资本信息披露指数	ICDI	智力资本信息披露指数 = 智力资本多源化信息披露汇总分值/总分
控制变量	盈利能力	Roa	净资产收益率 = 净利润 ÷ 期末股东权益 × 100%
	债务水平	Lev	资产负债率 = 负债总额 ÷ 资产总额 × 100%
	公司规模	Size	年末总资产账面价值的自然对数
	成长性	Growth	主营业务收入增长率 = (本年主营业务收入 - 上年主营业务收入) ÷ 上年主营业务收入 × 100%
	现金净流量	Cash	现金净流量 = 经营性现金净流量 ÷ 营业总收入
虚拟变量	年度	YEAR	虚拟变量

(1) 被解释变量：企业价值 (VALUE)。本文的被解释变量为企业价值，企业价值的度量方法有财务指标和市场指标两类，由于企业的财务指标可能有较强的相关性，故企业价值用 Tobin's Q 指数进行测量更较为准确。目前，学术界大多数学者在研究企业价值时，都选择用 Tobin's Q 值衡量企业价值，一方面该指标能够真实反映财务状况和经营情况，另一方面该指标更为客观。Tobin's Q 值等于企业资本市场价值与资产重置成本之比。本书计算 Tobin's Q 值的方法见式 (3 - 19)，公式所需的数据源于国泰安数据库，计算时需剔除异常数据。

$$\text{Tobin } Q = \frac{\text{市场价值}}{\text{重置资本}}$$
$$= \frac{\text{市价} \times \text{流通股数} + \text{非流通股数} \times \text{每股净资产} + \text{负债账面价值}}{\text{总资产账面价值}}$$

$$(3 - 19)$$

式 (3 - 19) 中，用年末后五日收盘价的均数计算市价，用所有者权益与总股本的比值计算每股净资产。

(2) 解释变量：多源化智力资本信息披露指数。依照本书 3.2.3 节所构建的多源化智力资本信息披露指数 (ICDI)，计算得出每家企业的多源化智力资本信息披露的相对指标。

（3）控制变量。在控制变量的选取过程中，参照以往学者的研究，以保证可靠性为目的，选取下列会给企业价值带来影响的指标作为控制变量，见表3-8。多数文献发现企业规模能够作为显著影响企业价值的控制变量（Stanny，2013；Eleftheriadis and Anagnostopoulou，2014；Dhaliwal et al.，2011；Matsumura et al.，2014）。公司较高的债务水平代表公司资金缺乏，会对企业价值创造产生严重影响，此时，为应对监管的控制，公司会主动加强信息披露（Leftwich et al.，1981；Michelon and Parbonetti，2012）。而企业成长性越好，越愿意披露更多的智力资本信息。此外，本书还选择了现金净流量作为控制变量（Haniffa and Cooke，2002）。

3.3.3.2 实证模型设计

多源化智力资本信息披露影响企业价值的实证检验包括两个步骤：第一，检验多源化智力资本信息披露对当期企业价值是否能够产生直接影响；第二，验证智力资本信息披露对企业价值是否具有滞后影响。

为了实现第一步研究目的，本节根据有关学者（Chow and Wong-Boren，1987；Meek et al.，1995；Eng and Mak，2003；张丹，2008）等的研究，选取盈利能力、债务水平、公司规模、成长性、现金净流量充当模型的控制变量。采用处理面板数据的经典方法 Hausman 检验，判断选用固定效应模型或是随机效应模型，综合假设设定的变量和其他影响因素，构建实证模型（3-20）：

$$TQ = \alpha_0 + \alpha_1 ICDI_t + \alpha_2 Roa + \alpha_3 Lev + \alpha_4 Size + \alpha_5 Growth$$
$$+ \alpha_6 Cash + \alpha_7 Con + \sum YEAR + \varepsilon \qquad (3-20)$$

其中，因变量 TQ 为公司 i 第 t 年的企业价值，智力资本信息披露指数作为解释变量，$ICDI_t$ 为企业 i 第 t 年多源智力资本信息披露指数，Roa 表示企业 i 第 t 年的净资产收益率，Lev 表示企业 i 第 t 年的资产负债率，Size 表示企业 i 第 t 年年末资产账面价值的自然对数，Growth 表示企业 i 第 t 年的主营业务收入增长率，Cash 表示企业 i 第 t 年的现金净流量，YEAR 表示年度虚拟变量，ε 表示残差项。

构建模型（3-21），用于验证智力资本信息披露是否会对企业价值产生滞后效应，从而验证本章提出的假设。

$$TQ_{i,t} = \varphi_0^* + \varphi_1^* ICDI_{i,t-j} + \varphi_2^* Roa + \varphi_3^* Lev + \varphi_4^* Size + \varphi_5^* Growth$$
$$+ \varphi_6^* Cash + \varphi_7^* Con + \sum YEAR + \varepsilon \qquad (3-21)$$

在进行实证分析之前，必须先确定模型（3-21）中的滞后期，需要确定 j 的取值，j 等于1表示滞后一期，j 等于2表示滞后二期，以此类推。

在选择滞后期长度时，本书主要考虑以下三点：第一，我国有关智力资本信息披露的研究刚刚起步，中国企业智力资本信息多源化披露指数中涵盖微博信息，国内主流微博新浪微博成立于2009年，腾讯微博成立于2010年，故研究者为保持数据的一致性，仅能收集2010年以后的微博披露的智力资本信息披露数据，但考虑到微博的应用需要一个被社会接受的过程，所以本书收集2013~2017年的智力资本信息披露数据。由于此时数据量有限，因此不适宜采用计算大规模的方法确定滞后长度。第二，计量经济学中 Almon 多项式法在探讨选择滞后长度时，指出滞后阶数一般取2或者3，若高于3，则很难减少变量个数，会产生无效估计，故本书选择滞后一期和二期进行研究。第三，参照国内外学者的常用的做法：为了确保模型信息完整，动态模型的滞后期可取二期（Glen，2001；Wintoki et al.，2012）。有学者选用滞后一期的企业信息披露，研究其对财务绩效影响的滞后性（Vurro and Perrini，2011）。张兆国等（2013）利用滞后两期的社会责任信息验证其对企业财务绩效能够产生滞后效应。除此之外，目前很少有人专门研究智力资本信息披露的滞后性。因此，本书在充分利用现有数据的基础上，设定滞后一期和滞后二期，并建立检验智力资本信息披露对企业价值产生滞后影响的实证模型为：

$$TQ_{i,t} = \theta_0^* + \theta_1^* ICDI_{i,t-1} + \theta_2^* Roa + \theta_3^* Lev + \theta_4^* Size + \theta_5^* Growth$$
$$+ \theta_6^* Cash + \theta_7^* Con + \sum YEAR + \varepsilon \qquad (3-22)$$

$$TQ_{i,t} = \delta_0^* + \delta_1^* ICDI_{i,t-2} + \delta_2^* Roa + \delta_3^* Lev + \delta_4^* Size + \delta_5^* Growth$$
$$+ \delta_6^* Cash + \delta_7^* Con + \sum YEAR + \varepsilon \qquad (3-23)$$

其中，模型（3-22）检验滞后一期的智力资本信息披露对企业价值的影响，模型（3-23）检验滞后二期的智力资本信息披露对企业价值的影响，利用2013～2017年创业板上市公司数据，分别进行滞后一期及二期的实证检验。

3.3.4　实证检验结果与分析

3.3.4.1　描述性统计分析

为了避免数据有偏从而不满足计量要求，本书利用 Shapiro-Wilk 检验及 Jacque-Bera 统计量两种方法对各个变量进行了正态分布检验，结果均符合正态分布的要求。表3-9为主要变量的描述性统计分析结果，分析表中数据可知，企业价值的平均值为4.1672，标准差为3.1427，而企业价值的最大值和最小值的差距较大，表明企业价值间存在一定程度的差异。解释变量智力资本信息披露指数的平均值为0.4287，最小值为0.0733，最大值为0.6838，表示个体智力资本信息披露情况相差较大。控制变量公司的净资产收益率平均为5.24%，资产负债率平均为30.26%，说明创业板上市公司整体资产负债率处于一个较为合理的水平。资产规模的标准差为0.7996，平均值为21.3777，说明创业板上市公司之间存在不同的规模效应。主营业务增长率为30.45%，说明从总体上看创业板上市公司处于持续增长状态。现金净流量均值为0.157，标准差为0.2808，说明上市公司之间的经营现金流量波动性差异较大。

表3-9　　　　　　　　　　描述性统计结果

变量	观测值	平均值	标准差	最小值	最大值
TQ	1770	4.1672	3.1427	0.4343	35.0824
ICDI	1770	0.4287	0.1074	0.0733	0.6838
Roa	1770	0.0524	0.0983	-1.8069	0.45
Lev	1770	0.3026	0.1685	0.0111	1.0372
Size	1770	21.3777	0.7996	19.2895	24.544
Growth	1770	0.3045	0.4848	-0.9106	5.8017
Cash	1770	0.157	0.2808	-5.5378	1.5904
Con	1770	0.5785	0.1184	0.1128	0.8872

3.3.4.2 相关性分析

各变量之间的 Pearson 相关系数矩阵如表 3 – 10 所示。由表 3 – 10 可以看到，多源化智力资本信息披露指数与企业价值在 1% 的水平上存在着显著的正相关关系，盈利能力、成长性和现金净流量都与企业价值正相关，且在 1% 的水平上显著，说明智力资本信息的披露越好，企业价值估值相应就越大，与我们的预期相一致。但是，相关性分析代表存在相关性，却不能反映具体的影响程度和系数，故需要综合考虑各影响因素并进一步验证假设。此外，为了检验该模型是否存在多重共线性，对 VIF 值进行检验，变量 VIF 值均小于 10，平均 VIF 为 1.4，说明回归模型变量之间不存在多重共线性问题。

表 3 – 10   **Pearson 相关系数矩阵**

变量	TQ	ICDI	Roe	Lev	Size	Growth	Cash	Con
TQ	1							
ICDI	0.0538 ***	1						
Roe	0.1451 ***	0.0119 *	1					
Lev	− 0.2436	− 0.0132	− 0.1784	1				
Size	− 0.2356 ***	0.0348	0.0576 ***	0.4538	1			
Growth	0.0912 ***	0.0243	0.1112 ***	0.2283 ***	0.2803 ***	1		
Cash	0.1242 ***	− 0.0513 **	0.1435	− 0.3625 ***	− 0.2941 ***	− 0.1067 ***	1	
Con	0.0668 ***	0.2447 ***	0.0789 ***	− 0.1265 ***	− 0.183 ***	− 0.0046	0.1507 ***	1

注：表中为 pearson 距相关系数。其中，*、**、*** 分别表示在 10%、5% 和 1% 的水平上显著，双尾检验。

3.3.4.3 回归分析

本书首先对数据进行 F 检验，结果显示选取固定效应模型优于混合效应模型。随后运用 Hausman 检验，显示固定效应模型要更加优于随机效应模型。故最终选择固定效应模型。表 3 – 11 列出了智力资本信息披露对企业价值的回归分析结果。第 I 列表示当期的，可以看出，智力资本信息披露水平显著，回归系数为 1.9934，表明智力资本信息披露指数与当期创业板上市公司价值存在显著正相关关系，假设 3.1 成立，符合我们之前的理论推导。同时，这也说明通过年报、微博等多源化方式及时披露智力资本信息，能有效地解决公司内部的信息不对称问题，促进公司价值最大化目标的实现。

表 3 - 11　　　　　　　　　回归分析结果

变量	I	II	III
ICIDI	1.9934 ***	2.9167 ***	1.3708 *
	(- 0.6078)	(- 0.7455)	(0.8061)
ROA	3.3271 ***	3.1522 ***	3.5965 ***
	(- 0.587)	(0.7187)	(0.9130)
LEV	- 1.8456 ***	- 2.9217 ***	- 3.0796 ***
	(- 0.5073)	(0.4909)	(0.5613)
SIZE	- 1.1842 ***	- 1.1377 ***	- 1.3099 ***
	(- 0.1185)	(0.1096)	(0.1245)
GROWTH	0.6941 ***	0.9353	1.1533 ***
	(- 0.1225)	(0.1435)	(0.1719)
CASH	0.0046	0.1096	- 0.0415 *
	(0.2130)	(0.2634)	(0.2760)
con	1.1275 **	0.8930 **	1.9937 **
	(0.535)	(0.6196)	(0.7174)
截距项	26.9625 ***	26.052 ***	33.3407 ***
	(2.5717)	(- 2.4067)	(2.6737)
样本数	1770	1416	1062
Year	控制	控制	控制
F 检验	35.18 ***	79.92 ***	81.31 ***
Adjust R^2	0.3508	0.358	0.4052

注：括号中的数值为回归系数标准差，*、**、*** 分别表示在 10%、5% 和 1% 的水平上显著。

从第 II 列的结果可以看出，滞后一期的智力资本信息披露与企业价值在

1%的水平上显著正相关。从第Ⅲ列的结果可知,在10%的水平上,滞后二期的智力资本信息披露对企业价值呈显著正向影响,体现了滞后一期与滞后二期的智力资本信息披露能够产生积极的作用,有助于提升企业价值,这也证明了本书假设3.2。但是,从回归结果可以看出滞后一期与滞后二期对企业价值的显著性关系不同,滞后二期的智力资本信息披露与企业价值的显著性水平仅为10%,本书认为,产生这种情况是因为随智力资本信息披露影响企业价值会随着滞后期的加长而逐渐减弱,即智力资本信息披露对企业价值的影响具有时效性。

3.3.5 稳健性分析

我们对上述研究结果进行了以下稳健性检验:

(1)为了进一步验证本书的实证结果是否稳健,从样本出发,选用更换数据样本的方法进行稳健性检验。选用2003~2017年A股上市公司中连续上市三年的公司作为研究对象,剔除金融类和数据不全的上市公司样本。作出多元回归分析后,稳健性检验结果表明多源化智力资本信息披露对企业价值依然产生影响,稳健性结论能够支持研究假设3.1和假设3.2。

(2)选用更换被解释变量衡量指标的方式,将企业价值的衡量指标替换为上市后企业价值三年均值的对数,这一做法有学者尝试过,重新汇总被解释变量的实证数据后,代入模型重新进行实证回归,结果与本书的结论保持一致。

(3)重新选择衡量自变量智力资本信息披露的指标,将衡量智力资本披露情况的指标更换为张丹(2008)提出的指标体系,重新作出评分。用得到的最新评分作为变量代入回归模型,结果通过了检验,假设依然成立,呈显著的正向相关关系。这说明两种方法具有一致的评价结果,证明了多源化智力资本信息披露指数的设计较为科学。

(4)除上述检验外,我们还进行了其他的一些稳健性测试:改变部分控制变量定义,如以销售收入自然对数衡量公司规模等。本章之前的论断未因此类稳健性测试发生明显变化。

3.3.6　进一步探讨

随着机器学习的出现，基于机器学习的智力资本分类算法可以用于评判指标的合理性，进而有助于建立一个科学的智力资本评估体系，从而客观地评判企业拥有智力资本水平的高低，协助企业预测面临的风险，最大化提升企业价值。截至目前，对于智力资本信息披露的指标分类仍未有统一的界定标准，基于机器学习分类算法构建智力资本信息披露指标体系的研究文献还暂未发现，鲜有将机器学习与智力资本信息披露相结合的研究成果，且有关智力资本信息的来源仅为年报，由此可以看出，利用机器学习的方法来研究多种渠道披露的智力资本信息能够在理论和实践方面实现突破，本书将进一步探讨基于机器学习分类算法的智力资本信息披露体系构建。

（1）对初始测量指标的选择。本书指标构建的整体思路为，在已有文献基础上生成初始测量指标，并利用机器学习中分类算法进行筛选，随后将利用 Delphi 法通过专家问卷调查进行校验，确定最终的指标体系。具体如图 3－3 所示。

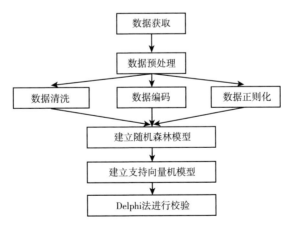

图 3－3　指标构建思路

基于前面的研究基础，从智力资本的人力资本、结构资本和关系资本三个维度展开，对于三个维度的计量指标参考现有的文献中的计量方法，并根据上市公司的实际情况及特征进行了适度调整，初步确定了三大类 29 个指标作为初始测量的指标集合。具体指标设定如表 3 – 12 所示。

表 3 – 12　　　　　　　　　初轮筛选智力资本信息披露指标

一级指标	一级指标说明	二级指标	标引代码	说明
人力资本（7个）	是指企业员工接受培训、教育等经历后体现出的经验、技能等。人力资本是企业具有生命力的资本，是企业所拥有的重要财富以及创造更大财富的主要来源	年龄结构	Age	不合理取值为 0，合理取值为 1，不确定取值为 2
		员工男女比例	Fm	数值
		管理人才比例	Mer	数值
		高等人才比例	Edu	数值，本科及以上学历人才所占比例
		专业员工比例	Zer	数值
		员工培训	Tr	无取值为 0，有取值为 1
		员工流失率	Lr	数值
结构资本（9个）	是指在公司建立的整合、协作机制，结构资本能够促使个体间相互交流，将个体的专业知识经验彼此融合，最终形成企业集体财富，结构资本的存在能够持续地将人力、关系资本相黏合，促使各要素相互转化	组织架构	Os	没有基本的组织架构及组织制度取值为 0，具有完善的组织架构和组织制度取值为 1，不确定取值为 2
		企业文化观念	Ev	没有企业文化取值为 0，具有完善的企业文化取值为 1，不确定取值为 2
		企业经营计划	Be	没有企业整体规划取值为 0，具有整体规划取值为 1，不确定取值为 2
		发展战略	Dp	没有企业战略取值为 0，具有战略取值为 1，不确定取值为 2
		研发投入比例	Dr	数值
		技术创新	Ti	数值，用知识产权及核心技术数量衡量
		信息网络系统	Is	无取值为 0，有取值为 1
		商业机密	Bs	无取值为 0，有取值为 1
		环境保护	Ep	负面消极的取值为 0，正面积极的取值为 1，不确定取值为 2

续表

一级指标	一级指标说明	二级指标	标引代码	说明
关系资本 （13 个）	是指企业为了实现经营目标，与外部利益相关者之间建立的关系，并为维持经营该关系而进行投资所形成的资本	企业形象	Ci	负面消极的取值为 0，正面积极的取值为 1，不确定取值为 2
		品牌威望及商标知名度	Pw	负面消极的取值为 0，正面积极的取值为 1，不确定取值为 2
		荣誉奖励	Hr	无取值为 0，有取值为 1
		社会责任	Sr	负面消极的取值为 0，正面积极的取值为 1，不确定取值为 2
		投资者关系	Ir	数值
		商业伙伴战略同盟数	Bt	数值
		客户关系	Cr	数值，客户增长比例
		客户满意度	Cm	数值
		客户增长比例	Cz	数值
		客户忠诚度	Cl	数值
		供应商关系	Si	供应商不稳定取值为 0，有固定供应商取值为 1，不确定取值为 2
		营销战略	Mp	无取值为 0，有取值为 1
		市场份额及占有率	Ms	数值

（2）数据预处理。为了保证数据的准确性和完整性，我们首先对智力资本信息进行数据预处理。本书使用的数据共提供了 29 个输入变量。由于有关智力资本信息的原始数据不是为了统计分析而设计的，自动抓取的部分变量文本的具体分类可能缺乏合理性。因此，对于某些变量本书从统计分析的角度进行了重新归类和适当合并调整。首先，在数据清理方面，利用 sklearn-preprocessing 中的 Imputer 类来处理缺失值，利用 nan 代替缺失值并把其调整为浮点型，为了补充 Z 的缺失值，使用 X 的均值填，我们共对 470 条缺失数据进行了预测和填充；其次，在数据转换过程中，我们将非 0，1 变量的输入变量都执行了 Normalizer 类数据正则化操作，数据正则化是将每个样本的范数缩放到单位范数 1，使本书数据质量有效提高。

（3）分类的修正与检验。本书将利用随机森林模型和 SVM 算法分别进行测算。随机森林模型的主要思想是采取自助法重采样技术，有放回地从原始训练集 M 里进行重复性的随机抽取,抽取 n 个样本组成新的训练样本集,再生成 k 个分类树,每次未被抽取到的样本组成了 n 个袋外数据,组成随机森林,判别时采用随机森林分类器,分类结果根据分类器的投票多少来决定。本次实证拟定表 1 中的 29 个底层指标为初始自变量,企业智力资本水平为因变量(对智力资本信息披露水平"有影响"设定类别为"1",智力资本信息披露水平"无影响"设定类别为"0")建立模型。我们从样本中随机抽取总量的 60% 作为训练集训练我们所需模型,随后用另外总量的 40% 样本作为测试集进行精确度检验,正确分类在总体中的占比即为精确度,本书的分类精确度公式为:

$$acc(f;D) = \frac{1}{m}\sum_{i=1}^{m} I(f(x_i) \neq y_i) = 1 - E(f;D) \qquad (3-24)$$

经过计算,在测试集上的准确率为 0.699,各指标在随机森林模型中的重要性如表 3-13 所示。

表 3-13　　　　　　　　智力资本评价体系指标重要性

序号	评估指标	指标重要性	序号	评估指标	指标重要性
1	年龄结构	1.219	16	环境保护	2.709
2	员工男女比例	0.975	17	企业形象	10.862
3	管理人才比例	24.898	18	品牌威望及商标知名度	6.502
4	高等人才比例	19.918	19	荣誉奖励	3.251
5	专业员工比例	68.328	20	社会责任	3.951
6	员工培训	9.959	21	投资者关系	14.135
7	员工流失率	11.951	22	商业伙伴战略同盟数	1.625
8	组织架构	24.638	23	客户关系	40.541
9	企业文化观念	9.030	24	客户满意度	10.212
10	企业经营计划	25.789	25	客户增长比例	6.321
11	发展战略	10.315	26	客户忠诚度	4.084
12	研发投入比例	48.725	27	供应商关系	32.222
13	技术创新	44.295	28	营销战略	9.126
14	信息网络系统	12.642	29	市场份额及占有率	7.605
15	商业机密	11.347			

从建模结果来看，上述指标的预测准确度达到 69.9%，结果较为理想。尤其我们注意到，体系中各个指标的重要性都为正，且专业员工比例、技术创新及客户关系的指标重要性相对较高，即这些指标与评估体系的相关性更强，而员工男女比例、年龄结构、商业伙伴战略同盟数、品牌威望及商标知名度、环境保护与体系之间的相关性相对较弱。

但由于随机森林算法易存在过拟合问题，对于不平衡数据问题无法解决，此时，支持向量机（SVM）算法的优势就更为突出，它能够解决小样本、非线性、高维模式识别等问题。在本次实证中，我们重新将样本按比例随机分为训练集和预测集，其中训练集样本量为 70%，预测集样本量为 30%。最终预测正确率为 92%。该模型准确率高于随机森林模型（92% > 69.9%），这不仅说明 SVM 构建的分类器可以很好地适用于智力资本评价指标分类，也再一次证明了上述指标体系的可用性。

3.3.7　研究结论与贡献

本章设计多源化企业智力资本信息披露指数，并以 2013～2017 年创业板公司为样本，研究了智力资本信息披露是否有利于提升企业价值。研究表明，企业规模、企业成长能力、盈利能力等影响因素被控制以后，上市公司有关企业智力资本的信息能够有效提升企业价值，验证了本章假设 3.1。这个结论与国内大多数研究结论相一致。进一步研究是否存在滞后效用时发现，滞后一期以及滞后二期的智力资本信息与企业价值均表现为正向相关关系。除上述理论贡献外，本章也从实证角度验证了微博、公司官网等新媒体途径可以作为披露企业智力资本信息的有效方法之一。

本章的研究结论对投资者、公司管理层和政府管理部门都具有一定的启示作用。研究发现披露智力资本信息能提高企业价值，且对企业价值的提升具有滞后效应，存在长期影响。因此，在自媒体时代，自媒体的应用加快了上市公司智力资本信息披露的速度，便于投资者更快地获取与企业智力资本相关的信息。另外，自媒体的产生拓宽了上市公司智力资本信息披露的渠道，减少了信息不对称带来的阻碍，有利于企业管理者提高信息披露效率。

对于投资者而言，微博等新媒体渠道提供了获取上市公司一手信息，要善于利用这部分信息；对于公司而言，要通过拓宽智力资本信息披露途径以实现企业信息的透明化，公司可以利用官方微信平台、官方手机 App、官方微博等途径及时披露，促使智力资本信息披露渠道多样化与披露内容规范化；对于监管机构而言，要加大监管力度，鼓励企业利用多渠道披露智力资本信息，增强智力资本信息的可信度，积极引导投资者进行科学决策，发挥智力资本信息披露提升企业价值的积极作用。

3.4 本章小结

本章以信号传递为基础，对智力资本信息披露对企业价值的影响进行了分析。首先，在第 2 章对智力资本信息及企业价值概念界定的基础上，设计多源化智力资本信息披露指数。其次，在剖析理论的基础上，基于信号传递理论提出本章的研究假设，以 2013～2017 年我国上市公司为样本进行实证检验，回归后得出，上市公司智力资本信息披露对当期公司价值产生正向影响，且上市公司智力资本信息披露水平对公司价值有滞后正向影响。最后，基于上述结果，本章认为智力资本信息披露影响企业价值具有滞后效应。本章主要进行实证分析，是后续几章拓展延伸的基础。

第4章

市场反应视角下智力资本信息披露对企业价值的影响研究

4.1 数理模型分析

4.1.1 数理模型的前提假设

本章认为,可以以博弈论为基础构建市场反应视角下企业和政府的博弈模型。模型建立需满足如下约束条件。

(1)激励相容约束:政府只有在企业实现效用最大化的前提下,才能获得使政府期望效用最大化的行动。

(2)参与约束:企业只有在选择参与的行动的效用超过自身不参与任何的行动的期望效用的前提下才会选择此项行动。

为研究市场反应视角下智力资本信息披露对企业价值的影响,本章提出如下假设:

(1)企业智力资本信息披露的一个经济后果,即企业价值除了与企业智力资本信息披露的质量 x 有关,还受到一些外生随机变量 μ 的影响。

(2)k 表示单位企业的信息披露质量提升所带来的价值增长系数。披露的质量越高,企业的价值越高,即 $V = kx + xz + \mu$。μ 表示随机变量,服从均值为 0,方差为 σ^2 的正态分布,即 $N \sim (0, \sigma^2)$。z 表示由于信息披露质量越高所带来的投资者积极性提高引起的价值增长。

（3）企业的智力资本信息披露是有成本的，包括披露智力资本信息的宣传费用，也包括材料费用，以及相关中介机构费用、律师法务费用、评估费用等。

4.1.2　数理模型的构建

（1）企业的成本。

$$c = m + bx^2 \tag{4-1}$$

企业的智力资本信息披露成本包括固定成本 m，表示一些股东成本如中介费用、评估费用等。但企业智力资本信息披露受到多种来源渠道的限制。而随着来源渠道的扩展，成本成倍增长，因此呈现成本规模递增。b 表示单位企业的智力资本信息披露所产生的成本系数。

（2）企业的收益。

$$V = (kx + xz - m - bx^2)(1 - p) \tag{4-2}$$

其中，$kx + xz - m - bx^2$ 表示企业的效用，即企业的价值增值和成本的差额。然而，由于基于资源交换理论，企业需要付出对应的成本，而 $p(kx + xz - m - bx^2)$ 就是政府的收益，也是企业建立政治资源需要付出成本的一部分。

（3）政府的监督成本。

$$c = n - sx \tag{4-3}$$

其中，n 是政府对企业监督的固定成本，包括人员的收入。s 表示由于企业信息披露质量提高而减少的成本。p 表示由于企业的智力资本创新造成的价值升值带来的政府的效益提高系数，政府的收益为：

$$Vg = p(kx + xz - m - bx^2) - n + sx \tag{4-4}$$

4.1.3　模型的推导分析

根据激励相容约束，我们只要研究企业效用最大化时，企业才会采取政府所希望的行动。机制问题如下所示：

$$\max : V = (kx + xz - m - bx^2)(1 - p) \qquad (4-5)$$

当 $\dfrac{\partial V}{\partial x} = 0$，此时 $x = \dfrac{k+z}{2b}$。

由此可知，当单位公司智力资本信息披露增加所需要的付出成本系数越大，其愿意披露的水平越低。这也说明如果公司智力资本信息披露的水平提升需要公司付出的成本超过预期，公司的对外传递效果就会越低。同时，企业的单位智力资本信息披露质量的提升，使得企业价值增长效应变强。这也说明，企业的智力资本信息披露的质量与企业价值成正比。同时，信息披露带来的投资者市场反应越强烈，信息披露质量越强。

需要注意的是这个方程还需要满足一个前提条件，即参与约束条件，如式（4-6）所示，其中 ϖ 表示企业不进行智力资本信息披露的时候的保留效用，即：

$$V = (kx + xz - m - bx^2)(1 - p) \geqslant \varpi \qquad (4-6)$$

我们将 $x = \dfrac{k+z}{2b}$ 代入式（4-2）就可以求得最大化的利润为：

$$V = (kx + zx - m - bx^2)(1 - p) = (1 - p)\left(\dfrac{(k+z)^2}{4b} - m\right) \qquad (4-7)$$

我们将 $x = \dfrac{k+z}{2b}$ 代入式（4-4）就可以求得政府最大化的利润为：

$$V_g = p\left(\dfrac{(k+z)^2}{4b} - m\right) - n + \dfrac{s(k+z)}{2b} \qquad (4-8)$$

而考虑到政府的收益函数是单调递增函数，即当政府效用提得越高的时候，政府收益越大，而考虑到政府制定系数并不能无限增大，否则企业就会选择不采取任何行动。因此，为了收益水平较为稳定，更多需要考虑企业的意愿。

我们将 $x = \dfrac{k+z}{2b}$ 代入式（4-6）就可以求得政府的效用提高系数范围，所以效用提高系数只有在如下条件下才能激励企业参与智力资本信息披露，即：

$$p \leqslant 1 - \frac{4b\varpi}{(k+z)^2 - 4bm} \qquad (4-9)$$

综上所述，我们可以得知，企业的市场反应能够正向影响企业价值，此时，企业的信息披露质量越高，企业的市场反应越激烈，即企业的市场反应能够被视作为影响企业信息披露质量和企业价值的路径之一。

4.2　理论分析与假设提出

4.2.1　理论分析

4.2.1.1　智力资本信息披露的市场反应的作用机理

所谓市场反应，其实质是基于对市场中客观存在的信息或事件所引发的一系列经济后果，不同的事件所带来的经济后果不尽相同，但通常我们认为市场的有效反应能够很好地衡量上市公司信息披露的质量，针对上市公司信息披露程度，市场以及投资者会有不同的反应状况。基于此，有学者将收集的上市公司样本数据以是否发布自愿性信息为依据进行分类，并对两者之间的市场反应进行对比分析，研究结果表明，相较于未发布自愿性信息的企业来说，资本市场对披露自愿性信息的企业更敏感，其股东的权益回报率更高（Bargdon，1972）。同样地，胡佛和法法塔斯（Hoover and Fafatas，2014）通过实证分析，企业的自愿性信息披露能够更有效地计算公司日后的盈利水平。麦康布斯和雷诺兹（McCombs and Reynolds，2002）也纷纷证实了信息披露与公司未来的财务绩效具有正相关关系。此外，李姝和肖秋萍（2012），徐珊和黄健柏（2014）等通过对企业自愿性披露与股价波动情况进行研究，发现企业的自愿性披露程度与股价的波动性呈现负相关关系，即企业自愿性披露信息的程度越高，股价的波动性越低，股票的价格呈现显著上升趋势，市场反应良好。自愿性信息披露能够带来积极的市场收益（沈洪涛等，

2010；朱松等，2011）。作为自愿性信息披露的重要组成部分，智力资本信息披露的市场反应是指上市公司在披露智力资本信息以后，市场对于该信息的反应状况。

有效市场，即有效市场假说，是由美国金融学家法玛（Fama）于1970年深化并提出的，强调在有效的资本市场上，所有的投资者是基于理性的，不存在信息不对称的问题，相关的投资者能够获取到有效的经济信息并进行妥善的应对与处理。因此，企业基于自身的经济信息制定的交易策略并不会为投资者带来超额收益，证券市场的价格能够清晰地反映出其价值，并不会出现较大波动。资本市场是否是完全市场化需满足三个条件：首先，二级市场里的参与者都是理性的；其次，虽然有特殊的非理性投资者，但这种投机行为可通过对冲化解，并不会影响资本市场的有效运行；最后，假使存在非理性投资者之间投机行为不能相互抵消的情形，从而出现证券市场价格与价值之间偏离的现象。市场参与者在短时间内清除这种偏离状态，即这种状态不会持久和延伸（Morck et al.，2000）。因此，基于有效的证券市场，股票的价值与价格之间不会存在明显的偏差，资本市场能够最大限度地发挥其优化配置的特性。

在弱式有效市场上，投资者可以通过企业对外披露的财务报告以及相关的智力资本信息获得超额利润。智力资本信息是企业自愿披露的公开信息，其中主要包括人力资本、组织资本以及关系资本等，企业良好的人力、结构、组织资本能够更好地引领企业未来的发展方向。因此，企业对外披露的智力资本信息与财务指标会对投资者的选择偏好产生重要作用。换言之，披露相关信息的水平和效果将会最终影响投资者的行为，继而进一步影响证券市场整体的波动水平，并最终影响投资者的获利程度。智力资本信息披露得越多，越会增强投资者对企业盈利能力的预期，从而引起资本市场中企业股票价格发生变动。因此，我们可以看到，智力资本信息已经成为投资者进行投资判断、作出投资选择的重要依据。证券市场中的理性投资者们通过获得对外披露的智力信息和财务信息，据此判断企业未来的发展方向和发展潜力，并最终作出投资决策。因此，企业披露的智力资本信息不仅能够提升公司的良好形象，更能够为证券投资者的投资行为作出导向。相反，对于智力信息披露的管理者来说，能够充分运用自身处理信息披露上的优势条件，整合信息资源，评估企业未来发展潜力，并结合自身利益动机进行合理披露。企业对外的信息披露从知识产权、人力资源、开发研究、战略管理以及营销策略、渠道上来看，其智力信息的披露确实能够向投资者提供有关企业价值、发展潜力以及核心竞争力等有效信息，而这些信息恰恰是投资者真正关心且密切关注的。因此，可以说智力信息的披露能够赢得投资者的广泛关注，对证券市场的股票价格产生影响。

4.2.1.2 投资者情绪与投资者信心

通过研究证券市场发现，证券市场的投资偏好很大程度上受投资者的情绪影响，投资者的乐观或悲观的认知会对价格产生不同程度的波动（Brown et al.，1997）。基于此，贝克和斯坦（Baker and Stein，2004）提出了投资者情绪的一个可能的内涵：投资者参与股票投机性投资的可能性大小。通过阅读国内外相关文献，发现两个著名的关于投资者情绪的模型。首先，资产定价模型，简称 DSSW 模型，是由德隆等（Delong et al.）四位学者于 1990 年率先提出，它定义了一类非内生的且偏离预期的信息禀赋的股票买卖行为。他们还探索了此类噪声交易者的具体的特征与水平，该研究说明，市场上的价值交易者能够通过套利行为削弱这种资产定价所带来的误差，但由于市场上噪声交易者的存在，导致价值交易者受市场虚假或误判信息的影响而面临巨大的风险，并非完全的套利行为，因此，资产的价格会长期偏离其内在的价值。其次，在 DSSW 模型的基础上进一步推广，提出了 LST 模型（Barberis et al.，1998）。该模型指出，市场上存在两种投资者，一种是机构投资者，其投资行为是偏理性的；另一种是个体投资者，在投资行为上容易受主观因素的影响。相较于个体投资者，机构投资者的股票价格波动情况不易受到投资者自身的情绪左右，而个体投资者在投资产品的选择上容易受到情绪波动的影响。在有效市场假说中，证券市场价格的变化能够有效地反映出投资者需要的所有信息，市场上股票价格的反应与投资者的心理预期不会出现较大偏差。但在现实中，噪声信息会影响购买者的心理预期，这就导致了价格和价值的不一致，这种现象是受到自身非客观的心理因素还有一系列非有效消息后产生的作用。因此，投资者的情绪由证券市场的消极情绪或积极情绪组成（Brown and Clift，2005；Baker and Stein，2004）。投资者的情绪会映射到对股票价格市场的乐观或悲观情绪，其中股票价格既包括对公司基本价值的预期，又包括投资者自身的情绪状况，这种情绪对收益的影响不仅存在于总体效应中，也具有一定的截面效应（Baker and Wurgler，2006）。

基于此，我们认为证券市场上的投资者的信心与情绪之间会存在一定的联系，并且会对资本市场产生重大影响，布朗和克里夫（Brown and Cliff，2004）在研究中指出，投资者的情绪包含两个方面，即悲观情绪和乐观情绪，而投资者的投资偏好和信息往往来源于情绪中乐观的一面。投资者的情绪波动以及对证券市场的信心程度会对股票的价格产生影响，从而影响企业的决策者作出经济决策，进而影响企业价值。同样，雷光勇等（2012）通过研究发现，证券投资者的信心程度越高，股票的收益就越明显；杜军等（2014）应用我国农业上市公司进行实证分析，对企业的组织结构、公司规模、投资信心等进行调查研究，他们研究结果表明投资者的信心和公司的价值正相关；陈建军等（2015）通过对上市公司数据进行实证研究，发现投资者信心对企业的价值提升也有正向的驱动作用。

基于以上对智力信息的研究分析，那么上市公司的智力信息披露究竟能否提升投资者的投资信心继而影响企业的市场价值呢？梳理现有的研究资料以及理论分析，本书提出：首先，人力资源是企业提升自身竞争力的关键因素，现阶段，各企业从追求利润最大化逐步转向为注重对创新科技的投入，强调提升核心竞争力以及逐步扩大市场化需求，不断注重对技术专利权、商标权等无形资产的维护，以更大的发展潜力和实力拓展市场，获得垄断性收益，提升企业自身的形象和价值。其次，我国企业中存在高度信息不对称与主观估值性，因此，证券市场投机性较大，容易存在价格偏差，其价格的波动情况更容易受到主观因素的影响。近年来，各企业逐渐对自身的智力信息进行披露，以期向社会投放企业利好发展的信号，而投资者对财务信息以及相关的智力信息也有一定的预测能力（谢小芳等，2009）。投资者往往更偏好于成长性较好的高新技术企业或创新型企业，对股票的未来价格以及公司业绩持乐观态度。

4.2.2　假设提出

智力资本信息披露属于企业自愿性信息披露，是对外传递信息的重要机制之一。企业的内部信息主要包括内部发展战略、经营计划以及智力资本信息等，其中智力资本信息是企业对外披露的重要信息，增加其质量可以有效地削弱企业与外部投资者之间的信息不对称，有利于投资者更好地了解公司状况，公司如果对外披露智力信息就会向社会公众提供一个利好消息，从而使投资者通过智力资本信息掌握公司整体营运状况。这可以增强投资人对公司的未来期望，避免逆向选择，提升企业价值。此外，瓦茨（Watts，2003）基于信息不对称的理论，研究上市公司对外披露的会计信息，发现公司拥有的信息质量越高，公司所面临的市场风险就越低，投资者所要求的报酬不会过分畸高，从而能够大大降低企业的融资成本，进而增加公司的整体市场价值。有学者探索了样本企业的信息披露质量和投资效率的关系，结果表明，高的信息披露质量有利于降低企业的信息处理成本，缓解资金压力，提升公司市场价值（Biddle et al.，2009）。

投资者主要通过企业对外披露的信息了解企业，因此，信息披露是连接企业与投资者之间的重要桥梁，投资者通过良好的信息质量获得投资信息，进而进行投资，而企业通过高质量的信息披露获得大量的资金来源，因此，信息披露质量往往容易受到企业管理者和期望投资人的高度重视。从投资者的个人行动角度分析，股票的购买者以自己的效用最大化为目标，可以根据市场信息作出有利于自己的最佳决策。从完全理性角度剖析，投资者可以凭借自身获得的市场信息，减少损失增大收益。依据行为金融学理论，尽量获得与自己相关的一切信息，从而增加决策的资本。因此，对于投资者来说，良好的信息质量会有利于其进行判断。良好的质量的信息披露意味着更好的发展空间和更高的收益可能，投资者更愿意进行投资。反之，低质量的信息披露往往表明企业自身的实力存在不足，发展前景不明，致使投资者的投资信心受到影响。进而影响到投资者的投资行为。统计发现，探索关于智力资本信息披露质量与投资者信心的内在联系的文章并不多见，但董必荣等

（2010）认为信息披露是企业与投资者沟通的主要渠道，它可以有效改善公司与投资者之间信息不对称的问题，缓和利益主体之间的冲突，增强投资者投资偏好和投资意愿。雷光勇等（2012）将主营业务收入增长率、机构投资者持股比例和市净率三项指标纳入投资者信心指数，使用更新的估算方法分析发现，信息披露的质量越高，投资者信心越强，进而股票收益越高，三者之间存在正向关系。孟浩（2014）运用主成分法进行降维。他还建立针对上市样本企业的微观投资者信心计量公式，也同样发现了上述关系的存在。同时还发现高质量的企业信息披露水平能有效降低企业的股权资本成本，提升投资者信心更加明显。廖倩（2014）分析认为两者之间确实存在正向关系，同时发现，投资者信心增强还会形成上市公司愿意提升会计信息质量的反向作用机制，使两者之间形成一种相互促进的正向循环。此外，张宗新等（2007）通过调查研究发现企业如果有良好的信息对外披露方式就能够有效地抑制企业的代理成本以及信息不对称，从而使企业治理更加系统化、合理化。蔡吉普（2005）基于信号传递理论，发现盈利状况较好的上市公司更愿意披露内部控制的情况，且该类公司普遍认同披露良好的内部控制信息，对于投资者信心增长具有很大程度的促进作用，对股价的上涨也具有正向的驱动作用，反之，盈利能力较差的企业会更不愿意进行内部控制信息的披露，主要是因为担心披露内部情况会暴露出公司管理的缺陷，对投资者信心产生打击，因此拒绝让公众了解公司内部控制真实情况，从而进入到恶性循环之中。

在上述文献分析的基础上，本书发现公司内部的信息披露与投资者的投资信心之间存在相关性，且信息披露的质量越高，越容易增强外界投资者的投资信心。尽管对信息披露和投资信心之间的研究较多，但对于智力资本披露与投资信心之间的相关研究比较匮乏。还有研究表明，智力资本信息披露是企业信息披露重要构成要素，自然也和投资者信心有所相关。与此同时，根据行为金融理论，通过多种媒体渠道进行披露的智力资本信息也会对投资者信息产生影响，相较于媒体信息向投资者信息传递的功能，其更大的作用在于通过信息的传递对投资者的投资选择产生影响（易志高等，2017）。企业自愿的信息披露能够有效地降低交易中信息的不对称，提升对外的透明度。同时，更会拉近现有股东与管理层的关系。而利用多源化智力资本信息披露则是搭建了公司和利益相关者进行沟通的桥梁。这不只是输送公司大量的内在消息到外部环境中，还能够使外部环境对公司的感知发挥重要作用，塑造企业在外界的声誉形象。同时，上市公司多源化智力资本信息披露不同于传统的信息披露，其带来的不仅仅是信息，更是一种上市公司与外界的交流意愿，一种愿意为投资者分享信息的态度，一种上市公司管理层与投资者之间的良性沟通。因此我们大胆预测智力资本信息披露较好的公司，股票购买者倾向于相信其内部治理水平优越。这对提升其业绩表现与生产经营有所益处。此外，它对于减少投资方面的风险，提升投资人对公司的信心也很重要。

假设 4.1：智力资本信息披露对投资者信心正向促进作用。

基于投资人的情绪分析，证券交易所的市场反应和参与投资的人的行为都会在一定程度上受到投资者情绪的影响。在国外，经典的 DSSW 模型可以阐述噪声交易者能够取得非负向的未来期望效益，并且认为股票价格的波动容易受到投资者情绪的影响（DeLong et al.，1990）。通过研究也能够证明，投资者的心理情绪能够在很大程度上影响股票的价格（Barberis et al.，1990）。此外，布朗和克里夫（Brown and Clif，2005）通过研究投资者的情绪与股票收益之间的关系，能够证明两者之间存在显著的相关性。在我国，王美今等（2007）以沪深两市的上市公司数据为样本，通过实证研究证明了投资者情绪对股票价格的影响，认为机构投资者的情绪波动会反映在股价上，其收益可作用在风险溢价而有所变化。而伍严然等（2007）采用数据样本分析探索了投资者情绪对公司的资产定价的巨大作用。此外，邓曦东等（2016）基于投资者情绪理论，选取 2011～2013 年中国 A 股高新技术企业上市公司为样本，通过对比分析样本企业智力资本投入与参与人投资信心以及公司价值的内在联系，研究结果表明，投资者的信心会对企业的价值产生间接的驱动作用，即外部投资者的信心程度越高，企业的价值越大。综上所述，大部分学者的研究表明，当企业考虑到投资者情绪这一因素后，通过调整资产结构、配置资源后，能够增强投资者的信心并提升企业价值。

与此同时，行为研究发现人们在进行信息处理时通常使用两个不同的系统——认知处理系统和情感处理系统，认知系统负责对信息进行精细化加工、分析和思考，其处理速度较慢，而情感系统负责对信息进行直觉式、自动化的情绪反应和处理。基于微博等多源化的智力资本信息披露的内容相对繁杂错综，既包括财务、绩效、研发、投资类的"价值信息"，又包括诸如早安问候、天气播报及心灵鸡汤类的"噪声信息"。噪声信息相对资本市场而言，虽然没有真正的信息含量，却展示了公司与外界沟通互动的意愿，在日复一日的积累中，公司亲和友善、人性化的一面更全面地、多角度地呈现给投资者。投资者也会由情感系统生成对微博信息披露公司的亲近与信赖。即使微博发布的并非价值相关信息，当投资者看到微博持续的问候，意识到上市公司在平稳有序发展时，其更倾向于在一个较长的阶段拥有此企业股票，股票在市场表现为稳定上升，较小的概率发生崩盘。已有研究发现，媒体报道或媒体情绪可以改变投资者注意力及投资者情绪，在短期内，媒体情绪可以带动投资者情绪上下波动。因此，在公司微博上披露的正向信息和正向情绪很容易加剧投资者情绪。基于此，本书认为，投资者能够通过企业对外披露的资本信息质量及时作出判断，并基于理性的角度作出合理的心理预期，当投资者的心理预期较好时，就会及时买入股票，进而影响股票价格走向和企业的整体价值，反之，当投资者的心理预期较差时，就会产生逆反心理，产生集中出仓的行为，致使企业股价不再上涨，企业的整体价值受到严重影响。故而，信息披露质量的增加不仅能够增强投资者的投资信心，更能够有效判断企业的真实状况，进而在股票价格上反映出来，最后影响企业整体价值发生波动。巴伦和肯尼（Baron and Kenny，1986）曾提出，中介变量要与解释变量和被解释变量之间具有较强的相关性。在本书中，企业智力资本的披露、投资者的投资信心以及企业价值之间也具有较强的相关性，其中，智力资本作为企业战略资源的重要组成部分，能够有效地保障企业的竞争优势，企业通过高质量的信息披露，充分提升了相关会计信息的相关性、重要性和及时性，从而帮助投资者作出合理的决策，进而提升企业的整体形象和内在价值。企业智力资本的披露不仅会对投资者的投资决策产生重要影响，还会对企业的资本获取产生重要影响。如果企业对外的信息披露不足，容易导致企业无法高效地获得市场融资，进而影响企业的良性健康运作。故可以预测投资者信心在智力资本信息披露对企业价值的影响中具有中介效应，因此提出如下假设：

假设4.2：投资者信心在智力资本信息披露与企业价值的关系中起中介效应，投资者信心与企业价值呈正相关关系。

4.3 研究设计

4.3.1 样本选择和数据来源

本章的样本选择和数据来源与第3章类似，本章通过中国证券监督管理委员会网站、深圳证券交易所网站、CSMAR 数据库、巨潮资讯网、上市公司年报、西部证券大智慧网站等进行数据收集，选取 2013～2017 年创业板上市公司中连续上市三年的公司作为研究对象，智力资本信息有关数据除上市公司年报披露以外，还将根据各上市公司网站公布的相关信息手工收集，并剔除金融类和数据不全的上市公司样本。

4.3.2 变量定义

本章对被解释变量企业价值和解释变量多源化智力资本信息披露的定义与第3章一致，分别用 Tobin Q 值和智力资本多源化信息披露指数加以衡量。变量说明如表4-1所示。

表4-1　　　　　　　　　　　　主要变量说明

变量类型	变量名称	变量符号	说明
被解释变量	企业价值	TQ	Tobin's Q
解释变量	智力资本信息披露指数	ICDI	样本公司智力资本信息披露总分/样本公司智力资本信息披露满分值
中介变量	投资者信心	Ic	股票年换手率

变量类型	变量名称	变量符号	说明
控制变量	获利能力	Roe	净资产收益率＝净利润÷期末股东权益×100%
	债务水平	Lev	资产负债率＝负债÷资产×100%
	公司规模	Size	年末总资产账面价值的自然对数
	成长性	Growth	主营业务收入增长率＝（本年主营业务收入－上年主营业务收入）÷上年主营业务收入×100%
	现金净流量	Cash	现金净流量＝经营性现金净流量÷营业总收入
	股权集中度	Con	企业前十大股东持股比例之和
虚拟变量	年度	YEAR	虚拟变量

对中介变量和控制变量作出如下设定：

（1）中介变量：投资者信心。贝克和斯坦（Baker and Stein，2004）曾经在研究投资者信心时选用了流动性指标进行实证研究，而在流动性指标中，股票年换手率这一指标应用最广。股票年换手率可以看作是上市公司股票一段期限内在证券市场内交易的频率。国内的股票市场具有单边市场的典型特征，即在实际交易中不允许做空。这就导致股票市场的活跃度受到投资者信心的影响，即投资者信心刺激股价的上升。股市如若处于不景气的状态，根据政府的应对政策和宏观把控，利己的投资者会在此时选择谨慎的投资策略，随时观望市场，减少投资。此时，投资者信心匮乏将会导致换手率低迷，股市整体趋于平静。如若股市处于景气的情况，投资者信心收到利益的驱动而不断增加，表现在换手率的复苏上涨，因此，在我国单边市场里，投资者信心可以用换手率这一指标进行准确的量化和测量。

（2）控制变量。由于本章的被解释变量为企业价值，跟第 3 章中的内容一致，因此，控制变量也沿用第 3 章中的做法，选取了净资产收益率、资产负债率、公司规模、企业成长性和股权集中度作为控制变量，同时引入年度虚拟变量进行控制，以确保结果的可靠。

4.3.3　实证模型设计

出于验证投资者信心能否在智力资本信息披露作用于企业价值时发挥中

介效用，本书根据假设涉及的变量及相关影响因素，并借鉴温忠麟等（2005）的中介效应检验程序进行实证检验，在第 3 章中，我们已经通过模型（3-22）验证了智力资本信息披露对企业价值的影响存在一定的滞后性，因此在模型（3-22）的基础上，采用前一期的智力资本信息披露指数增设以下两个模型：

$$Ic = \beta_0 + \beta_1 ICDI_{t-1} + \beta_2 Roe + \beta_3 Lev + \beta_4 Size + \beta_5 Growth$$
$$+ \beta_6 Cash + \beta_7 Con + \sum YEAR + \varepsilon \qquad (4-10)$$

$$TQ = \gamma_0 + \gamma_1 ICDI_{t-1} + \gamma_2 IC + \gamma_3 Roe + \gamma_4 Lev + \gamma_5 Size$$
$$+ \gamma_6 Growth + \gamma_7 Cash + \gamma_8 Con + \sum YEAR + \varepsilon \qquad (4-11)$$

利用模型（4-10）验证智力资本信息披露和投资者信心之间的相关性，假如 β_1 系数为正且较为显著，那么假设 4.1 成立。模型（4-11）可以验证在智力资本信息披露指数作用于企业价值时，投资者信心是否发挥中介作用。假如模型（3-22）中的 θ_1 与模型（4-10）中的 β_1 及模型中的 γ_1 均显著，且 $\gamma_1 < \theta_1$，则中介效应存在；假设 4.2 得到验证，若 γ_1 显著，则检验结果为部分中介，反之为完全中介。

4.4　实证结果分析与讨论

4.4.1　描述性统计分析

表 4-2 为模型主要变量的描述性统计分析结果。由于所用公司样本与第 3 章相同，企业价值与智力资本信息披露两个变量的数据与第 3 章分析结果基本一致。关于换手率这一变量的描述性统计结果，从表 4-2 可以看出，创业板上市公司的换手率的平均值为 229.771，标准差为 207.9176，最小值为 11.7164，最大值为 1379.287，说明我国创业板上市公司的个体样本的股票换手率差异较大，这可能是因为创业板多为新股上市公司，有很强的投机性，换手率个体差异较大。资产负债率、资产规模、股权集中度等统计结果

与第 3 章相比保持一致，因此不再进行重复描述。

表 4 - 2　　　　　　　　　　描述性统计分析

变量	观测值	平均值	标准差	最小值	最大值
TQ	1770	4. 1672	3. 1427	0. 4343	35. 0824
ICDI	1770	0. 4287	0. 1074	0. 0733	0. 6838
Ic	1770	229. 771	207. 9176	11. 7164	1379. 287
Roa	1770	0. 0524	0. 0983	- 1. 8069	0. 45
Lev	1770	0. 3026	0. 1685	0. 0111	1. 0372
Size	1770	21. 3777	0. 7996	19. 2895	24. 544
Growth	1770	0. 3045	0. 4848	- 0. 9106	5. 8017
Cash	1770	0. 157	0. 2808	- 5. 5378	1. 5904
Con	1770	0. 5785	0. 1184	0. 1128	0. 8872

4. 4. 2　相关性分析

为了避免因模型中变量较多而带来的多重共线性问题，本文利用 Person 相关分析法对自变量与因变量之间进行相关性分析，如表 4 - 3 所示。

表 4 - 3　　　　　　　　　　相关系数分析

变量	TQ	ICDI	Ic	Roe	Lev	Size	Growth	Cash	Con
TQ	1								
ICDI	0. 0538 ***	1							
Ic	0. 2425 ***	0. 054 **	1						
Lev	- 0. 2436	- 0. 0132	0. 0387	1					
Roe	0. 1451 ***	0. 0119 *	- 0. 0047	- 0. 0132	1				
Size	- 0. 2356 ***	0. 0348	- 0. 0146	0. 0576 ***	0. 4538	1			
Growth	0. 0912 ***	0. 0243	0. 0111	0. 1112 ***	0. 2283 ***	0. 2803 ***	1		
Cash	0. 1242 ***	- 0. 0513 **	- 0. 0876 ***	0. 1242 ***	- 0. 0513 **	0. 1242 ***	- 0. 0513 **	1	
Con	0. 0668 ***	0. 2447 ***	- 0. 1991 ***	0. 0789 ***	- 0. 1265 ***	- 0. 183 ***	- 0. 0046	0. 1507 ***	1

注：表中为 pearson 距相关系数。其中 * 、** 、*** 分别代表在 10% 、5% 以及 1% 水平上显著，双尾检验。

由表可以看到，对于企业价值，投资者信心能够产生显著正相关的影响。智力资本信息披露指数与企业价值显著正相关，与投资者信心也同样产生显著正向相关影响。这一点充分证明了投资者信心会受到智力资本信息披露的正向影响，即披露优质智力资本信息能够增强投资者的信心，并且说明了企业价值会随着披露优质智力资本信息而提升，验证了假设 4.1、假设 4.2 的论点。公司规模、成长性、现金净流量、股权集中度均在 1% 的水平上表现为正向相关的影响，说明这些变量对企业价值都存在一定程度的影响。

4.4.3 模型检验结果与分析

表 4-4 第二列报告了智力资本信息披露对投资者信心的影响结果。智力资本信息披露对投资者行为的相关系数是 283.2185。该相关系数在 1% 的水平上显著，本文的假设 4.1 得以验证。智力资本信息披露与投资者信心呈显著的正相关关系，可能的原因是公司向社会公众披露的智力资本信息越多，不对称因素就会随之减弱，投资者信心也会根据智力信息披露产生变化。

表 4-4 第三列说明了智力资本信息披露、投资者信心作用于企业价值的回归结果。智力资本信息披露影响投资者信心，并通过换手率进而影响企业价值。因此，逐步进行中介检验，在第 3 章实证检验的基础上增加投资者信心于模型中，具体分析在智力资本信息披露作用于企业价值时投资者信心能否发挥中介作用。从回归结果可知，投资者信心的回归系数为 0.0042，在 99% 置信区间下显著。智力资本信息披露指数的回归系数为 2.7514，通过置信度 99% 的显著检验。但是比较模型（3-22）中的回归系数 3.2426 变小，说明由于增加了投资者信心这一中介变量，智力资本信息披露指数和创业板上市公司企业价值的相关性变低。由温忠麟（2005）中介效应分析程序可知，若 $\theta_1(\theta_1 = 3.2426)$，$\beta_1(\beta_1 = 283.2185)$，$\gamma_1(\gamma_1 = 0.0042)$ 均显著，且 $\gamma_1 < \theta_1$，这说明中介效应存在，模型（4-3）中 γ_1 也显著，这说明投资者信心在智力资本多源化信息披露与企业价值的关系中发挥部分中介作用，投资者信心并不能完全替代智力资本信息披露，属于智力资本信息披露影响企业

价值的作用路径之一，使假设 4.2 得到验证。

表 4 - 4　　　　　　　　　回归分析结果

变量	模型（4 - 1） Ic	模型（4 - 2） TQ
ICDI	283. 2185 *** - 37. 789	2. 7514 *** - 0. 654
Ic		0. 0042 *** - 0. 0004
Roe	3. 7264 - 5. 5328	0. 1072 - 0. 0942
Lev	30. 9258 - 21. 9217	- 0. 0951 - 0. 3737
Size	- 26. 9282 *** - 5. 363	- 1. 1361 *** - 0. 092
Growth	3. 6438 - 7. 8428	0. 9232 *** - 0. 1336
Cash	- 25. 9972 ** - 13. 8927	0. 9174 *** - 0. 2369
Con	- 381. 5029 *** - 33. 9968	1. 2738 ** - 0. 5996
截距项	728. 3199 *** - 121. 0322	24. 6987 *** - 2. 0834
YEAR	控制	控制
Adjust R^2	0. 4658	0. 3211
样本数	1770	1770
F 值	141. 22	70. 73

注：参数估计下括号内为 t 检验值；* 、** 、*** 分别表示在 10% 、5% 和 1% 的水平上显著。

4.4.4　稳健性分析

为了确保实证模型的合理性，在依据第 3 章中稳健性检验的基础上，对上述研究结果进行了以下稳健性分析。

（1）文中因变量企业价值的测度，本书按照陈工孟和俞欣等学者的方式，分别采用"企业价值上市后三年均值"和"企业上市前三年均值"的自然对数重新测量企业价值，回归结果显示，结果保持一致。

（2）运用99%和1%的 Winsorize 处理文中的全部连续变量，对上述模型再次进行回归，结果并未受到影响。

（3）文中因变量智力资本信息披露的测量，因为本书的智力资本多源化信息披露指标是结合文献梳理和本书特点共同综合构建的，鉴于智力资本信息披露估算方法的不同之处，将衡量智力资本披露情况的指标替换成张丹（2008）提出的指标体系，重新作出评分，用得到的最新评分作为变量代入三个回归模型，仍然中介效应显著，三个假设得到满足，两者存在正向联系，结论表示，即使用差异的评价方法分析样本企业，其结果仍保持不变，这说明了本书构建的评价指标体系符合规范且衡量结果准确。

（4）采用了 White 稳健标准误差的稳健性检验得出的多元回归结论，使用该方法检验系数的显著性之后，文中主要指标的系数估计结果仍然显著，与前面相比未产生差异，证实了其稳健性。

（5）采用换数据样本的方法进行稳健性检验。选用2003～2017年A股上市公司中连续上市三年的公司作为研究对象，剔除金融类和数据不全的上市公司样本，进行多元回归分析后，稳健性检验结果与原结果保持一致。

4.5　研究结论与贡献

本章从市场角度切入，在探索智力资本信息披露影响企业价值的作用机理时，考虑到投资者信心这一因素，并提出了投资者信心在智力资本信息披露影响企业价值的正相关关系中具有部分中介效应等前提假设，建立检验三者之间关系的模型，并选取2013年以来连续上市三年以上的企业作为研究对象。研究智力资本信息披露与投资者信心的关系，发现智力资本信息披露对投资者信心有显著正向的影响。并通过进一步检验，证明投资者信心在智力资本信息披露与公司价值的正相关关系中发挥了部分中介效应。

　　本章的研究贡献主要体现在理论和实践两个方面：在理论方面，尽管现有实证研究基于不同理论展开了探讨，但针对智力资本信息披露进行研究的极少，本章研究有助于深入探析智力资本信息披露作用于企业价值过程中投资者信心的作用机理，基于市场反应的视角研究了投资者信心在智力资本信息披露影响企业价值机制中的中介效应，拓展了理论研究的宽度。在实践方面，能够带给监管主体、投资者以及企业高管一定的思考。对于政府而言，应当加快制定信息披露相关制度，鼓励提升披露积极性，规范相关内容，发挥智力资本信息在投资者和企业之间的纽带作用。对于投资者而言，投资者应切实对年度报告、公司网站、微博自媒体等公布的智力资本信息给予重视。从样本企业来说，应该加强对外披露的智力资本信息的重视程度，有效利用披露，建设好公司与外部利益相关者信息的桥梁。

4.6　本章小结

　　本章基于第 3 章的理论分析，拓展分析了市场反应路径下智力资本信息披露对企业价值的影响：第一，对智力资本信息披露的市场反应的作用机理进行了论述，并对投资者信心的概念进行了界定，将投资者信心与投资者情绪进行明确对比分析。第二，结合相关理论，详细阐述了三者之间关系及影响机理，在此基础上引出了本书的研究假设。第三，进行实证研究，利用 2013～2017 年创业板上市公司的数据，验证了本章的研究假设，即智力资本信息披露能够对企业价值产生正向影响，且在正向影响的过程中，投资者信心能够发挥一定的中介作用。第四，综合得出本章的研究结论，并阐述了该研究结论的理论和实践贡献。

| 第 5 章 |

融资约束视角下智力资本信息
披露对企业价值的影响研究

5.1 数理模型分析

5.1.1 数理模型的前提假设

本章认为，可以以博弈论为基础构建融资约束视角下企业和政府的博弈模型。模型建立需满足以下约束条件。

（1）激励相容约束：政府只有在企业实现效用最大化的前提下，才能获得使政府期望效用最大化的行动。

（2）参与约束：企业只有在选择参与的行动的效用超过自身不参与任何的行动的期望效用的前提下才会选择此项行动。

这两个约束条件是在委托代理和激励机制的基础上衍生出来的，为下面进行模型推导的基础。为方便构建模型，本章提出如下假设：

（1）企业智力资本信息披露的一个经济后果，即企业价值除了与企业智力资本信息披露的质量 x 有关，还受到一些外生随机变量 μ 的影响。

（2）企业的智力资本信息披露是有成本的，包括披露智力资本信息的宣传费用，也包括材料费用，以及相关中介机构费用、律师法务费用、评估费用等。

（3）企业智力资本信息披露是为了摆脱融资困境，此项目利润为 L，所需融资金额为 H，债务融资利率为 r，企业信息披露可以带来利润为 $V = kx + L - Hr$。此外，企业的融资利率受到信息披露的影响，信息披露质量越高，企业的利率越低。

5.1.2　模型的建立

（1）企业的成本为：

$$c = m + bx^2 \qquad (5-1)$$

企业的智力资本信息披露成本包括固定成本 m，表示一些股东成本如中介费用、评估费用等。但企业智力资本信息披露受到多种来源渠道的限制。而随着来源渠道的扩展，成本成倍增长，因此呈现成本规模递增。b 表示单位企业的智力资本信息披露所产生的成本系数。

（2）企业的收益为：

$$V = kx + L - Hr \qquad (5-2)$$

其中，$L - Hr - m - bx^2$ 表示企业的效用，即企业的价值增值和成本的差额。然而，由于基于资源交换理论，企业需要付出对应的成本，而 $p(L - Hr - m - bx^2)$ 就是政府的收益，也是企业建立政治资源需要付出的成本的一部分。

（3）政府的监督成本为：

$$c = n - sx \qquad (5-3)$$

其中，n 表示政府对企业监督的固定成本，包括人员的收入；s 表示由于企业信息披露质量提高而减少的成本；p 表示由于企业的智力资本创新造成的价值升值带来的政府的效益提高系数，政府的收益为：

$$Vg = p(kx + L - Hr - m - bx^2) - n + sx \qquad (5-4)$$

5.1.3 模型的推导分析

根据激励相容约束，我们只要研究企业效用最大化时候，企业才会采取政府所希望的行动。机制问题如下所示：

$$\max : V = (kx + L - Hr - m - bx^2)(1 - p) \qquad (5-5)$$

当 $\dfrac{\partial V}{\partial x} = 0$，此时 $x = \dfrac{k}{2b}$。

由此可知，当单位企业智力资本信息披露提升所需要的付出成本系数越大，企业的智力信息披露水平越低。这也说明如果企业智力资本信息披露的质量提升需要企业付出的成本超过预期，企业的智力资本信息披露质量就越低。而企业的单位信息披露质量提升带来的企业价值增长效应越强。这也说明，企业的智力资本信息披露的质量与企业价值成正比。

需要注意的是这个方程还需要满足一个前提条件，即参与约束条件，如式（5-6）所示，其中 ϖ 表示企业不进行智力资本信息披露的时候的保留效用。

$$V = (kx + L - Hr - m - bx^2)(1 - p) \geqslant \varpi \qquad (5-6)$$

我们将 $x = \dfrac{k}{2b}$ 代入式（5-2）就可以求得最大化的利润。

$$V = (kx + L - Hr - m - bx^2)(1 - p) = (1 - p)\left(\frac{k^2}{4b} - m + L - Hr\right) \quad (5-7)$$

我们将 $x = \dfrac{k}{2b}$ 代入式（5-4）就可以求得政府最大化的利润。

$$Vg = p\left(\frac{k^2}{4b} - m + L - Hr\right) - n + \frac{sk}{2b} \qquad (5-8)$$

而考虑到政府的收益函数是单调递增函数，即当政府效用提高越高时，政府收益越大，而考虑到政府制定系数并不能无限增大，否则企业就会选择不采取任何行动。因此，为了收益水平较为稳定，而更多需要考虑企业的意愿。

我们将 $x = \dfrac{k}{2b}$ 代入式（5-6）就可以求得政府的效用提高系数范围，所以效用只有在如下条件下才能激励企业参与智力资本信息披露，即：

$$p \leqslant 1 - \frac{4b\varpi}{k^2 - 4bm + 4b(L - Hr)} \qquad (5-9)$$

因此，如果企业获得融资的利率较低时，企业的价值会有所提升。而当企业的信息披露质量越高时，企业的融资利率往往就会越低，这就会间接对企业价值产生影响，企业价值得以提升。综上所述，企业的融资约束是企业智力资本信息披露影响企业价值的路径之一。

5.2 理论分析与假设提出

5.2.1 融资约束的概念及度量方法

莫迪利亚尼和米勒（Modigliani and Miller，1958）假设完美的资本市场在实际中存续，创造出 MM 理论，即公司的投资决策要考虑自身的资源渴求。如果公司对于资源的需要符合经营以及对外投资计划，其不难在二级市场中取得目标资源，此时其债务融资的成本与内部股权融资成本几乎等同，这使公司融资面临较少的束缚。然而，实际的二级市场有比较严重的股东和经理人的代理冲突，信息不能互相掌握，市场进行交易存在额外的成本。学者们指出，各种类型的成本会导致内部融资和外部融资存在一定成本差异，故公司的融资约束问题应运而生。理论界对"理想的资本市场"进行了一些修正，迈尔斯和马鲁夫（Myers and Majluf，1984）设定理想的资本市场环境在实际中不存在这一假设，遵循融资的成本大小进行排列，并提出按照此排列顺序进行融资，指出，公司在二级市场表现不满足预期的幅度与其融资约束幅度有正相关关系。

早期的一系列研究表明，企业内外部资金之间确实存在着一定的成本差异（Brealey et al.，1977；Bhattachary and Ritter，1980）。根据上述研究，卡普兰和津盖尔斯（Kaplan and Zingales，1997）指出了一个普遍而精准的概念，如果公司对外融资的利息费用比公司本身具有的资本数额大时，公司就需要考虑融资束缚问题。因为实际生活里肯定会发生不对等信息与公司贸易冲突的情形，内部和外部融资成本不能完全等值匹配，故根据此概念，没有任何一个公司可以摆脱融资束缚问题。然而此概念的长处是应用溢价的大小表示融资约束的强弱：对外融资的价格增长表现程度越大，说明企业越急需解决融资束缚问题。斯蒂格利茨和韦斯（Stiglitz and Weiss，1981）曾经指出，由于双方信息并不能够完全获得，导致投资者并不能够获得生产经营的相关信息。由于这种信息不对称的发生，所以公司的内部个体较之于欲投资于公司的外来人员占据有利信息地位。拟投资的外部人员可能遭受更大的损失，故想要寻求比较多的风险补偿，即预寻求更高的收益以提高风险报酬率，这就导致获取资金所付出的成本也同比例增加。从公司角度分析，如果只考虑股权的融资难以满足企业的生产发展的要求，公司还必须从外部获得融资支持，而由于交易双方的信息并不能完全透明，这就要求较大的风险溢价。交易双方信息存在不对称受到多种因素的影响，比如二级市场的完善程度，公司的内部环境因素等。

之后，许多文献在研究公司融资问题的时候，将融资约束称作二级市场里内部融资和外部融资的成本差异，并指出这个数额越高，公司可能面临更为严重的融资束缚问题。因为融资约束采取成本作为衡量标准简便实用，故很多学者将其纳入决策分析的数理模型之中，对外部投资者所产生的风险溢价进行重新评估。融资约束则是指交易双方由于信息并非完全透明所导致的内源融资和外源融资的资本成本出入带来的对外投资与需求的不匹配现象（Fazzari et al.，1988）。席尔瓦（Silva，2012）曾经指出，融资约束可以定义为由于融资总额与生产发展需要的不匹配现象。鉴于我国的二级市场还处于不发达阶段，公司和投资者难以实现完全的信息透明。信息不对称的存在可能是企业的外源融资和内源融资的资本成本不同的一个原因。

文献梳理发现，在对融资约束进行衡量的时候，受到多种因素的影响，而这些因素对应多维指标。根据这些指标就可以建立相关体系。但是，二级市场里许多变量可能影响融资约束，有研究人员采用单一指标衡量、也有综合性采用复合指标、还有使用敏感性的数理分析方式。

5.2.1.1　单变量指标法

此种方法的含义是应用单一财务或其他方面的指标进行衡量融资约束。这种指标内容涉及以下几种：

（1）股利支付率法。此种衡量方式是计算融资约束的办法之一。法扎里（Fazzari，1988）将其作为衡量融资约束的指标，并指出，在完善的二级市场中，公司内源和外源融资的利息费用相同，故公司可以将生产经营产生的效益以股东权益的形式进行转换，当企业需要资金投资项目时，可以随时从外部获得资金，故企业的股利支付率较高。但在实际情况下并没有完善的二级市场，实际中的外源融资成本远大于内源融资成本。当公司需要筹资时，公司倾向于进行股权融资，所以公司往往会制定一个较低的筹资利率，股利支付率越低，说明企业融资约束越严重。徐寿福（2016）运用样本分析，实证检验发现股利支付率是融资约束的测量指标，并与之呈相反态势。因此，基于信号传递视角，盈利状况好的企业运用股利支付的手段使股票购买者能够有效辨别其与经营状况不佳的同行业企业。这无异于对外声明这个企业生产经营状况较好，有助于提升投资者购买股票的热情，进而提升股价。利用股利支付率作为度量公司融资约束的替代指标，即：

$$股利支付率 = 每股股利/每股净收益 \times 100\% \qquad (5-10)$$

（2）利息保障倍数。此方法是先计算出公司的净利润、公司的所得税费用以及费用化的利息费用三者之和，再与公司的全部应计利息相除。投资于该公司的个体或机构可凭借这个指数计算其投资能否得到保障。计算得出的数值越高，说明在信息传播机制的作用下，二级市场所得到的多为有利的相关信息，表示企业能够按时还本付息，可以保证债权人的权益，这将有利于企业获得相关的融资，故面临的融资束缚问题也能随之减弱。相反，若计算得出的数值较低时，则表明此时得到的信息不利于企业经营，需要选择谨慎的投资策略，这就在无形之中增添了企业融资约束的负担。具体计算见式（5-11）：

$$利息保障倍数 = 息税前利润/利息费用 \qquad (5-11)$$

（3）公司规模法。公司规模为学者们普遍适用的衡量融资约束的指数（Almeida et al.，2004；Gilchrist and Charles，1995）。在二级市场里，企业规模越大，信息往往越透明，所以，规模较大公司的股票更容易受到投资者们的欢迎。也就是说，小企业难以从二级市场里得到发展需要的资金。从银行的角度分析，规模较大的企业资产标的物的价值更高，此类公司发生违约风险的概率更低。由此可知，企业的规模越小，其可能面对的融资约束越高。如下所示，我们应用企业年销售收入与净资产比值的自然对数刻画公司规模，大于中位数的样本表示企业规模较大，即不受融资约束的企业，其他表示受到融资约束的企业，即：

$$公司规模 = \log 年销售收入/净资产 \qquad (5-12)$$

然而，单一指标的衡量方式也并不完美。利息保障倍数、股利支付率都会被企业决策者的喜好、企业盈利能力、股票期权和薪酬激励设计等内容所影响（吕长江和张海平，2012），然而目前实施股利支付计划的企业并不多见，故股利支付率并不是替代融资约束的适宜衡量指数，而利息保障倍数和公司规模也存在一定的片面性，不适合作为衡量融资约束的指标。

5.2.1.2 敏感性模型

由于采用单一变量衡量难以获得充分的理论支撑，敏感性模型就能够解决这个问题，其涵盖内容如下所示：

（1）投资—现金流敏感性模型。法扎里（1988）首次利用 422 个企业作为样本，实证检验融资约束对投资的影响，他所提出的假设是内源和外源融资的成本差额与投资—现金流敏感性的呈正相关关系。学者们指出，投资—现金流敏感性能够对融资约束产生单调影响。而当内源融资成本和外源融资成本的差距明显较大时，其投资规模会根据企业内部的现金持有情况而相应调整，因此不同融资约束公司的投资—现金流敏感度不同。应用日本数据的回归结果显示，和集团公司有强烈联系的企业投资—现金流敏感性不高，产生原因可能是集团公司规模较大，融资约束的程度不高（Hoshi et al.，

1991）。

　　然而，对于投资—现金流敏感度的争论至今仍未停止，卡普兰和津盖尔斯（Kaplan and Zingales，1997）对投资—现金流敏感性模型有效性提出了质疑，并指出单调性假设是不成立的。现阶段国内外学者普遍认为，即使投资—现金流敏感度和融资约束非线性关系，仍然可以认为在外部环境没有较大冲击的情况下，在同一企业中投资—现金流敏感度的提升可以被看作是融资约束发生的信号（沈红波等，2010；刘微芳等，2012），学者们在做实证分析时，也仍然以现金流敏感性模型的单调性假设为前提。

　　（2）现金/现金流敏感性模型。在投资—现金流敏感性模型基础上，应用现金/现金流敏感性模型对融资约束进行计算。非融资困难的公司，能够选择恰当的投融资计划，故现金流量的提升并不能够对公司的投资起到限制。公司如果面对来自外部的融资约束，会对企业的现金流动产生限制。企业欲在未来抓住优秀的投资机会，就必须保证现金流量充足，要求较多的现金及现金等价物的持有。融资约束较为严重的公司，必须用现金流获得足够的现金来满足生产经营的现金需求，这样才能投资于有盈利的项目，故现金流动提升里的现金持有情况能够成为公司的融资约束的判别指标（王昱等，2013；王少飞等，2009）。具体计算见式（5 – 13），式中 $\Delta Cash$ 代表企业现金持有量的变动，是本期公司现金及现金等价物净增加额除以期末总资产的值；Q 衡量的是公司成长性；Size 是公司期末总资产的自然对数，表示企业规模；CF 衡量企业的经营现金流；EXP 作为公司资本支出的指标；ΔNWC 代表当期营运资本增减；ΔSTD 衡量企业流动负债短期变化；控制了行业（IND）和年度（YEAR）因素后，CF 的系数越大，表明公司对内部资金的依赖越强，融资约束越严重。

$$\Delta Cash = \alpha_0 + \alpha_1 CF + \alpha_2 Size + \alpha_3 TQ + \alpha_4 \Delta STD + \alpha_5 \Delta NWC$$
$$+ \alpha_6 EXP + \sum IND + \sum YEAR + \varepsilon \qquad (5 – 13)$$

5.2.1.3　多变量指数方法

　　该方法是应用超过一个财务或非财务指数组合并创造的多维合成的指

标，用来计算企业的融资约束程度。与单一指标法相同，这个衡量方式也必须判别样本公司面临的融资约束情况，再使用相关软件建立回归模型。根据创建的模型，将样本数据采样和分析，根据运算结果对融资约束严重程度进行判断。

（1）KZ 指数法。卡普兰和津盖尔斯（1997）运用财务数据完成次序逻辑回归以达到创作 KZ 指数的目的，用来计算公司的融资约束指标，而且这种方法被许多实证研究所采用。此衡量方式首先是依托样本公司差异化的财务情况，将样本公司划分成不同程度的融资约束进行对比分析。其次，抽取一系列对融资约束有相当大影响程度的相关要素，将此类指标应用线性组合并加以衡量，就可以得到融资约束测量的基础计算模型。最后，将样本公司的实际数据引到上述融资约束计量方程里，利用计量手段，就可以得到公司的融资约束指数。萨阿雷奎乔（Saa-Requejo，2001）应用 KZ 指数所需要的相关样本数据，并将相关样本划分为五个部分，基于上述分析，采取企业现金持有总量、股利支付率、资产负债率、托宾 Q、企业自由现金流量等变量创造线性方程，将获得的五个部分的样本数据应用于融资约束指数方程，运用计量方法计算公司的融资约束指数。众多国外学者均采用 KZ 指数对融资约束进行表达（Cheng et al.，2014；Hong et al.，2011；Bakke and Whited，2010）。我国学者徐龙炳等（2010），谭跃和夏芳（2011）等应用上述 KZ 指数将融资约束按档区分，发现相较于高融资约束公司，低融资约束公司的现金持有水平更低，其具体计算见式（5 - 14）：

$$KZ = -1.002 \times CASHFLOW + 0.283 \times Q + 3.319 \times LEV$$
$$+ 39.367 \times DIV - 1.315 \times CASHHOLDINGS \qquad (5 - 14)$$

（2）WW 指数法。怀特等（Whited et al.，2006）曾尝试测试股票报酬率和公司融资约束的内在联系。第一步，就是应用高斯混合模型计算得到欧拉投资方程的变量的值；第二步，抽取公司的财务评价指数，涉及总资产的对数、现金流和总资产的比值、股利支付率、销售收入增长率、行业销售增长率、长期负债与资产的比值等财务指标，使用上述的指标进行组合构建融资约束指数；第三步，将样本数据应用于上述计量模型之中，就得到了 WW 指数值。国外学者研究发现 WW 指数较 KZ 指数精度更高，对刻画融资约束效果更好（Christopher et al.，2007；Dmitry et al.，2009）。国内学者也应用 WW 指数测算企业的融资约束（邓可斌和曾海舰，2014；翟淑萍等，2012；万小勇和顾乃康，2011）。具体计算见式（5 - 15）：

$$WW = -0.019 \times CF - 0.062 \times DIV + 0.021 \times LDEBT - 0.044$$
$$\times LNTA + 0.102 \times ISG - 0.035 \times SG \qquad (5 - 15)$$

（3）SA 指数法。国内外度量融资约束的多指标的方法主要有 KZ 指数、WW 指数及 SA 指数。第一个模型和第二个模型计算的时候都是运用许多内生性变量，有较大的主观因素存在，这也使得计量结果有一定的偏差。哈洛克和皮尔斯（Hadlock and Pierce，2010）依据 KZ 指数的构成方法，设计了一款含有较少主观因素的计量方法，称之为 SA 指数。此衡量方式是依托企业的总资产的自然对数以及企业成立年限的线性组合所得出的，公司规模与公司年限受时间影响作用和内生性影响都比较小，计量测算结果并不带有太强的主观色彩，若该种方法计算出的指数的绝对值相对较大，则说明企业的融资约束不明显。在研究企业融资约束程度与资本创新关系时，利用 SA 指数法衡量企业的融资约束情况（Grullon et al.，2014）。王金（2015）和卢太平、张东旭（2014）等国内学者也同样在测算公司融资约束程度时，采取了 SA 指数的方式。故在此文同样应用该测算办法进行估计。SA 详细的计算见式（5 - 16）：

$$SA = -0.737 \times SIZE + 0.043 \times SIZE^2 - 0.040 \times AGE^2 \qquad (5 - 16)$$

考虑到单变量指标法和现金流敏感模型存在较多的不足之处（Leonardo et al.，2010），且这两种衡量方法较少运用于中介效应的分析。哈洛克和皮克（Hadlock and Piece，2010）以数据分析为研究基础，相对于 KZ 指数，认为 SA 指数在测算公司的融资约束问题方面更精确。故本部分中选用多变量指数分析构造公司的融资约束指数，为避免内生性，本部分选用 SA 指数进行测量。

5.2.2　智力资本信息披露与融资约束

由于二级市场还有待提高，利益相关者对于信息的掌握程度不充分，难以完全地对企业价值进行分析，引起了投资者和债务人的信息不对称，造成个体行为的非理性，面临融资约束的困境。所以，及时对外披露信息，提高外部投资者所处资本市场的信息披露环境，能够有效地克服融资约束问题。文献梳理发现，智力资本信息披露和融资约束的相关性分析处于待研究阶段，可参照文献数量严重不足。例如有学者研究信息披露和公司融资能力的相关关系，认为智力资本信息作为重要的自愿性信息，和其他自愿性信息披露作用类似，还可以发送有利信息到资本市场，减少信息不对称的发生，较少面对融资约束问题。

企业智力资本信息涵盖公司员工、内部和组织分布等可以反映生产经营情况的信息，并且可以作为公司发布信息和利益相关者建立联系的渠道，投资者与其他个体综合判断和辨别智力资本信息后，能够及时发现公司是否具有按期提高报酬的条件，同时保证债权人的收益不受损失（罗珊梅和李明辉，2015）。公司自愿性信息发挥着让债权者与投资者辨别公司的全部综合风险和公司价值的重要作用。公司自发地对外披露信息可以降低信息不对称的概率和幅度，减少相关的风险，最终调低权益资本成本（Richardson et al.，2001）。艾伦和戈登（Allen and Gordon，2011）曾经指出，积极披露自愿性信息的企业能够引起银行关注和认同，使其贷款融资的成本降低，使用贷款的时间也相对延长。这都说明企业披露智力资本信息等自愿性信息能够向相关利益者传递积极信号，帮助企业获得利益相关者的信任，这能够强化企业的成本预算、风险控制与经营业绩，并进行更好的判别，减少企业在价值评估中面临的非确定性风险，同时减少债务人向公司出借资金带来的风险。从另外一个角度，智力资本信息涵盖企业组织架构，经营情况，人力资源等大部分信息，披露智力资本信息等于全方位立体化内外展示公司运营情况，充分提高企业的信息透明度，这就有助于投资者减少因市场恐惧所产生的顾忌和定价偏颇，减少逆向选择事件。同时，它还能调节风险溢价带来融资成本提升的可能性。孙羡等（2012）应用样本分析发现智力资本的融资属性，特别指出组织与关系资本的融资属性作用较大。如果公司内部治理完善，业务操作标准，其构造信服力较强的外部网络时，融资能力也会显著的增强。苏明（2018）证明了智力资本水平与企业资本成本成反比，而当中的人力资本成本对债权和股权资本成本均具有降低作用。马传兵等（2010）指出，例如特许经营权、专利权、商标权等经营性无形资产能够给公司创造超额利润，并同时能够提高公司的融资水平，增加公司的融资路径。王晓梅等（2010）研究融资约束的内容和架构，发现公司经理人能力、研发人员和管理层素质等代表人力资源水平可以称为中小企业融资项目能够进行的重要因素。申倩倩（2009）指出，品牌知名度高的公司，融资渠道也会相对较为广泛，这是由于品牌效应对于公司而言，对外融资和申请贷款都有积极作用，公司的销售投入也将再次提升，形成一个优质循环，有助于提升竞争水平。

综上所述，公司智力资本信息披露对于减少公司和外部投资者的信息不对称幅度起重要作用，同时有助于避免融资约束的困境。故本章提出假设 5.1：

假设 5.1：智力资本信息披露和融资约束存在负相关关系。

5.2.3　融资约束与企业价值

企业价值会受到融资约束的影响（Owen et al.，2001）。进行文献梳理后发现融资约束和企业价值的关系并没有一致性结论。部分文献发现融资约束会减少企业价值，李永杰和谢军（2009）应用 A 股数据进行实证研究，认为企业负债能够起到约束作用，有助于公司增强管理水平，从而提升企业价值。顾群和翟淑萍（2011）进行了相关检验，得出融资约束与企业的成长性有负向联系的结论。刘素荣和刘玉洁（2015）则使用创业板数据研究了融资约束和公司成长性的关系，发现两者为负相关关系，文章还指出了减少公司面临融资约束的方式。桑福德和格罗斯曼（Sanford and Grossman，1980）发现，公司的债务融资加剧了公司的破产危机，到期还债会减少公司的可支配现金流，使得公司用来生产发展的可支配现金流减少，这也是为了维护公司市场价值和股东利益而采取的办法。邵春燕和王配配（2015）应用制造行业数据进行实证检验，基于融资约束视角分析了控股股东和公司价值的关系。计算结果发现，当该公司为国有控股时，融资约束和企业价值的负相关作用较弱。

综上所述，并参考第 2 章的理论解析，研究指出，委托代理和信息不对称能够有效地阐明融资约束的内在动因。信息不对称会导致逆向选择和道德风险。因为事前信息不对称的存在，掌握信息充足的个体想要为了自己利益隐藏对其他个体有利的信息，此时占据信息优势地位，在投资分析中也将处于非常有利的地位。具体来讲，一方面，拥有信息较少的劣势方会因投资风险的不确定性，放弃投资以保全自身利益，这会造成资本市场中外部投资者的流失，而外部投资者一旦想要投资，则需要提升资本利用率，这就会增加公司的融资约束问题；另一方面，处于信息不利地位的个体难以了解公司真实生产经营现状，这就导致了生产经营信息不对称，从而现状较佳的公司的市场价值也无法获得较高的评价，经营状况不好的公司的市场价值被高估。而道德风险则表现为管理层掌握充足的信息，但股东的信息远远不足。因为所处地位的不同和代理成本问题，如果企业的代理冲突损害了股东的利益，便会使得公司外部筹资成本增加。因此，本章提出假设 5.2：

假设 5.2：融资约束和企业价值呈反向相关，融资约束会减少公司价值的增长。

5.2.4 智力资本信息披露、融资约束与企业价值

企业披露智力资本信息的目的之一就是让更多外界投资者了解企业信息，拓宽融资渠道。对于企业而言，如果公司主动传递智力资本信息时，说明该公司较为看重智力资本的投入，产品、服务和科技创新能力的增强，会吸引投资人的注意，向外部资本市场释放出更强的利好信号，为投资者进行投资决策提供必要的参考依据。与此同时，智力资本信息作为企业释放出的信息，会影响利益相关人关注的声誉效应，然后对公司的融资约束和公司价值产生一定的作用。连军等（2011）发现，信息披露有助于非国有公司贷款融资，增强债务治理力度，为企业创造价值。张晓玲（2012）指出，公司声誉在资本市场中可以通过发射信号而被利益相关者所关注，故会对其决策产生一定的影响。从财务战略的路径来说，智力资本披露质量高的公司获得贷款资金比例较高，可以拓展融资路径。一方面，商议融资规划时，能够全方

面展现公司运营情况，筹资战略的回旋余地更大，扩宽了获得资金的渠道。根据前面的理论分析，当企业智力资本投入越高，表明其人力、结构、关系资本投入越多，公司的投资计划越容易通过并且获取预期盈利，这期间如若向二级市场发布良好信息，传递智力资本相关消息，则对于减少交易双方的信息不对称作用显著；另一方面，规划投资方向时，智力资本信息有助于公司开拓业务范围，提升公司的投资的总体战略趋向。从信号传递的路径来说，智力资本信息披露能够作为一种正面的声誉，增强投资者信心，进而促进企业价值的提升。融资约束较严重的企业在披露智力资本信息后，其财务业绩变化更加明显，更能显著地提高融资约束程度较高的企业价值。

故可推测，在投资能力视角下，披露智力资本通过缓解公司融资约束进而对企业价值产生正向传导，即可以推导出这样的逻辑路径：智力资本信息披露→减轻信息不对称→降低公司融资成本→缓解公司融资约束→提升企业价值。基于上述分析，提出假设5.3：

假设5.3：融资约束对智力资本信息披露和企业价值的关系起到中介作用，即智力资本信息披露通过减少融资约束，进而增加企业价值。

5.3　研究设计

5.3.1　样本选择和数据来源

本章与第3章所选样本相同，仍选取2013～2017年创业板上市公司为对象收集数据。本章的数据来源于国泰安数据库和锐思数据库。根据以下守则选取数据：剔除金融类上市公司数据，剔除上市不足三年的新上市的公司，剔除*ST，ST或PT状态的上市公司，剔除数据不完整的公司。最终，本章得到1770个样本观测值。

5.3.2　变量定义

本章对智力资本信息披露和企业价值的定义与第3章相一致，用Tobin

Q 值衡量企业价值，用智力资本多源化信息披露指数衡量智力资本信息披露情况。而在测量融资约束时，鉴于 5.1.1 所述的多种度量公司融资约束方法，拟利用 SA 指数作为本文公司融资约束的替代变量。其他指数多依赖于内生性的财务指标，主观性强，为避免内生性，规避融资约束的测量偏差，故本章选用 SA 指数。其他变量定义如表 5-1 所示。

表 5-1　　　　　　　　　　　　　　主要变量说明

变量类型	变量名称	变量符号	说明
被解释变量	企业价值	TQ	Tobin's Q
解释变量	智力资本信息披露指数	ICDI	样本公司智力资本信息披露总分/样本公司智力资本信息披露满分值
中介变量	融资约束	SA	
控制变量	获利能力	Roe	净资产收益率=净利润÷期末股东权益×100%
	债务水平	Lev	资产负债率=负债总额÷资产总额×100%
	公司规模	Size	年末总资产的自然对数
	成长性	Growth	主营业务收入增长率=(当期主营业务收入-上期主营业务收入)÷上期主营业务收入×100%
	现金净流量	Cash	现金净流量=经营性现金净流量÷营业总收入
	股权集中度	Con	企业前十大股东持股比例之和
虚拟变量	年度	YEAR	虚拟变量

5.3.3　实证模型设计

为了探索融资约束在智力资本信息披露影响企业价值中的作用，检验过程如下：

第一步，通过构建实证模型（5-17），以创业板上市公司的人力资本、结构资本等智力资本信息披露加权计算构成的多源化智力资本信息披露指数表示成智力资本信息披露衡量指标，探索融资约束对智力资本信息披露的影响是否显著。

$$SA = \beta_0 + \beta_1 ICDI_t + \beta_2 Roe + \beta_3 Lev + \beta_4 Size + \beta_5 Growth$$
$$+ \beta_6 Cash + \beta_7 Con + \sum YEAR + \varepsilon \qquad (5-17)$$

第二步，以 Tobin's Q 值作为企业价值的替代变量，并选择企业规模、主营业务增长率、资产负债率、股权集中度、年份等指标加以控制，采取多元线性回归方式分析融资约束对企业价值的作用。

$$TQ = \lambda_0 + \lambda_1 SA + \lambda_2 Roe + \lambda_3 Lev + \lambda_4 Size + \lambda_5 Growth$$
$$+ \lambda_6 Cash + \lambda_7 Con + \sum YEAR + \varepsilon \qquad (5-18)$$

第三步，利用模型（5-19），在智力资本信息披露影响企业价值的实证模型中考虑融资约束，检验在智力资本信息披露影响企业价值的关系中融资约束是否起中介效应。模型（5-19）中采用的控制变量与模型（5-17）及（5-18）中选取的控制变量一致。

$$TQ = \theta_0 + \theta_1 ICDI_t + \theta_2 SA + \theta_3 Roe + \theta_4 Lev + \theta_5 Size$$
$$+ \theta_6 Growth + \theta_7 Cash + \theta_8 Con + \sum YEAR + \varepsilon \qquad (5-19)$$

本章在第3章智力资本信息披露对企业价值影响基础上，我们已经通过模型（3-20）验证了智力资本信息披露对企业价值的影响，因此在模型（3-20）的基础上，按照温忠麟等（2005）的中介变量检验方法对融资约束在智力资本信息披露作用企业价值的关系进行中介效应检验，根据中介效应检验方法，检验模型（3-20）和模型（5-19）中资本信息披露的估计系数 α_1 和 θ_1，查看两者是否存在显著的差异。

5.4　实证结果分析与讨论

5.4.1　描述性统计分析

表5-2详细说明了各个变量的统计结果。因为选取的数据大部分跟第3章重合，企业价值与智力资本信息披露两个变量的数据与第3章分析结果基本一致。关于融资约束这一变量的描述性统计结果，从表5-2可以看出，上市公司的融资约束的平均值为 2.6756，标准差为 0.8638，最小值为

－1.2089，最大值为5.4948，说明我国创业板上市公司的个体样本面临的融资约束程度差异较大。资产负债率、资产规模、股权集中度等控制变量的统计结果与第3章相同，此处不予重述。

表 5－2   描述性统计结果

变量	观测值	平均值	标准差	最小值	最大值
TQ	1770	4.1672	3.1427	0.4343	35.0824
ICDI	1770	0.4287	0.1074	0.0733	0.6838
SA	1770	2.6756	0.8638	－1.2089	5.4948
Roa	1770	0.0524	0.0983	－1.8069	0.45
Lev	1770	0.3026	0.1685	0.0111	1.0372
Size	1770	21.3777	0.7996	19.2895	24.544
Growth	1770	0.3045	0.4848	－0.9106	5.8017
Cash	1770	0.157	0.2808	－5.5378	1.5904
Con	1770	0.5785	0.1184	0.1128	0.8872

5.4.2 相关性分析

由表5－3可以看到，智力资本信息披露指数与企业价值显著正相关，融资约束与企业价值显著负相关，与智力资本信息披露也同样显著负相关。这也说明智力资本信息披露越高意味着公司和投资人存在信息不对称可能性较小。企业外源融资成本数量较小，其融资约束幅度也较小，支持了本章假设。而在99%的置信水平下，公司规模、成长性、现金净流量、股权集中度四个控制变量均与企业价值显著正相关，说明这些变量对企业价值都存在一定程度的影响，引入控制变量后解释变量和被解释变量的结果可能更为确切。然而pearson系数仅仅披露变量的内在关系。其难以明示自变量和因变量的影响力度，更难以明示变量间的中介作用。故下一步的分析中需要对财务和非财务指标全面分析，同时分析已经考虑相关变量后，研究假设的有效性。

表 5 - 3   相关性分析

变量	TQ	ICDI	SA	Roe	Lev	Size	Growth	Cash	Con
TQ	1								
ICDI	0.0538 ***	1							
SA	− 0.1494 ***	− 0.0863 ***	1						
ROE	0.1451 ***	0.0119 *	0.1456 ***	1					
Lev	− 0.2436	− 0.0132	− 0.1012 ***	− 0.0132	1				
Size	− 0.2356 ***	0.0348	0.6533 ***	0.0576 ***	0.4538	1			
Growth	0.0912 ***	0.0243	0.2573 ***	0.1112 ***	0.2283 ***	0.2803 ***	1		
Cash	0.1242 ***	− 0.0513 **	− 0.0648 ***	0.1242 ***	− 0.0513 **	0.1242 ***	− 0.0513 **	1	
Con	0.0668 ***	0.2447 ***	0.1113 ***	0.0789 ***	− 0.1265 ***	− 0.183 ***	− 0.0046	0.1507 ***	1

注：表中为 pearson 距相关系数。其中 * 、 ** 、 *** 分别表示在 10% 、5% 和 1% 的水平上显著，双尾检验。

5.4.3　模型检验结果与分析

表 5 - 4 第二列阐明了智力资本信息披露对融资约束的回归结果。智力资本信息披露和融资约束的影响系数是 − 0.2216，并且在 5% 的水平上显著，假设 5.1 通过检验。这阐释了智力资本信息披露对融资约束具有负向作用，这说明公司披露的智力资本信息越多，企业的融资约束限制越少。表 5 - 4 第三列列示了融资影响企业价值的实证结果。融资约束与企业价值的相关系数为 − 0.0457，且较为显著，故本章的假设 5.2 得以验证。表 5 - 4 第四列说明了智力资本信息披露、融资约束对企业价值的影响结果。经过前面理论与实证相结合，我们发现智力资本信息披露会对融资约束产生作用。此外，以 SA 指数计量的融资约束会影响企业价值。所以，依据中介效应的分析方法，本书在第 3 章智力资本信息披露对企业价值产生影响的前提下，引入融资约束至实证模型中。从回归结果可知，融资约束的回归系数为 − 0.0257，且在 1% 统计水平上显著，说明控制了其他变量后，融资约束与企业价值显著负相关。智力资本信息披露指数的回归系数为 3.1117，显著性水平为 1%，与模型（5 - 17）相比系数和显著性均较小，说明将融资约束加入模型后，智力资本信息披露指数与创业板上市企业价值之间的相关系数降低。这

就意味着智力资本信息披露能够减少融资约束问题，最终提升企业价值，融资约束发挥了中介效应。而且同实证模型（3-20）比较，实证模型（5-19）中智力资本信息对企业价值的正向作用在1%的显著性水平上仍然存在，但有所降低，因此融资约束对智力资本信息披露和企业价值的关系起到的是部分中介效应，而非完全中介效应，验证了假设5.3。

表 5-4 回归分析结果

变量	模型（5-17）	模型（5-18）	模型（5-19）
	SA	TQ	TQ
ICDI	-0.2216 ** 0.098		3.1117 *** 0.639
SA		-0.0457 *** 0.1982	-0.0257 *** 0.1552
Roe	0.1203 0.098	4.3428 *** 0.6189	4.6559 *** 0.6393
Lev	-0.0584 0.0568	-0.0194 0.3799	-0.0229 *** 0.3701
Size	1.0175 *** -5.363	-1.3415 *** 0.0809	-1.2253 *** 0.1822
Growth	0.0358 * 0.0204	0.6986 *** 0.1238	0.8475 *** 0.1329
Cash	-0.0212 0.0364	0.5940 *** 0.1969	0.6234 *** 0.237
Con	0.7063 *** 0.0882	0.4836 * 0.5956	0.4718 0.5846
截距项	-20.4409 *** 0.3153	27.8933 *** 2.0628	26.9666 *** 3.7791
Year	控制	控制	控制
Adjust R²	0.7918	0.3241	0.3336
样本数	1770	1770	1770
F 值	81.65	612.59	74.81

注：参数估计下括号内为t检验值；* 、** 、*** 分别表示在10%、5%和1%的水平上显著。

5.4.4　稳健性分析

为了验证 5.3.3 小节中实证结果的稳健性，本节将对上文采取稳健性分析。第一，更换数据样本，选用 2003~2017 年 A 股上市公司中上市满三年的公司作为研究对象，剔除金融类和数据不全的样本，进行多元回归分析后，稳健性检验结果与原结果保持一致；第二，融资约束变量的其他度量，用度量信息不对称的 PIN 值度量公司面临的融资约束程度，进行替代检验，结果一致；第三，企业价值的其他度量，采用俞欣等在研究企业价值时，用"企业上市前三年均值"的自然对数和"企业价值上市后三年均值"的自然对数衡量企业价值的做法，再一次代入模型进行实证，结果吻合本章的主要结论。

5.5　研究结论与贡献

本章以融资约束对智力资本信息披露和企业价值的影响机制的理论分析为基础，提出了融资约束在两者正相关关系中具有部分中介效应等相关假设，构建了检验智力资本信息披露、融资约束和企业价值三者之间关系的模型，以 2013~2017 年创业板连续上市三年以上的企业为样本，首先，研究智力资本信息披露与企业价值之间的关系，结果发现智力资本信息披露与企业价值呈显著正向相关关系，这与第 3 章的结论相一致；其次，探索智力资本信息披露与融资约束的关系，发现两者有负向关系；最后，通过检验融资约束在智力资本信息披露影响企业价值过程中的中介效应，发现融资约束具有部分中介效应。证明了智力资本信息披露对融资约束的缓解功效。融资约束的缓解会直接对企业价值产生作用，故智力资本信息披露能通过降低融资约束而增加企业价值。

本章的研究贡献主要体现为：在考虑智力资本信息披露对企业价值的影响时，结合公司的融资状况，有助于全面理解价值的实现路径。企业能否顺利融入足够的适当成本的资本，对于企业价值的实现至关重要。智力资本信息披露能够缓解公司和外部投资人信息不对称程度，并进而会影响企业价值的提升。因此，从融资约束的角度探讨智力资本信息披露对企业价值的影响，能够更全面地阐释企业价值提升的作用机理。

5.6　本章小结

本章以第 3 章为本原，采用拓展分析的方式剖析了融资约束路径下智力资本信息披露对企业价值的关系。第一，对智力资本信息披露影响融资约束的作用机理进行了论述，并对融资约束的衡量方法进行了解释及选取；第二，运用相关理论对智力资本信息披露、融资约束和企业价值三者之间关系及影响机理进行分析，并指出相应假设；第三，将 2013～2017 年我国创业板上市公司作为样本数据，运用回归分析法对相应假设进行验证。发现智力资本信息披露与企业价值有正相关关系。此外，还发现在两者正相关关系中融资约束具有部分中介效应。第四，在数理和实证的基础上，总结本章研究结论对相关理论和实践的贡献。

| 第 6 章 |

智力资本信息披露影响企业
价值的调节因素研究

本书的第 2 章至第 5 章已对上市公司智力资本信息披露对企业价值的影响进行了深入剖析，而在假设智力资本信息披露带来相同影响的条件下，依然会受到制度等外部宏观环境的因素的制约。因此，本章将重点考察制度环境中市场化程度、产权性质、投资者结构中的机构投资者等对智力资本信息披露影响企业价值的调节效应。

6.1　数理模型分析

6.1.1　数理模型的前提假设

本章认为，可以以博弈论为基础构建其他因素调节下企业和政府的博弈模型。模型建立需满足如下约束条件。

（1）激励相容约束：政府只有在企业实现效用最大化的前提下，才能获得使政府期望效用最大化的行动。

（2）参与约束：企业只有在选择参与的行动的效用超过自身不参与任何行动的期望效用的前提下才会选择此项行动。

这两个约束条件是在委托代理和激励机制的基础上衍生出来的，为下面进行模型推导的基础。为方便构建模型本文提出如下假设：

（1）企业智力资本信息披露的一个经济后果，即企业价值除了企业智力资本信息披露的质量 x 有关，还受到一些外生随机变量 μ 的影响。

（2）k 表示单位企业的信息披露质量提升所带来的价值增长系数，V = gkx + μ。g 表示由于企业智力资本信息披露对企业价值的溢出倍数，μ 表示随机变量，服从均值为 0，方差为 σ^2 的正态分布，即 $N \sim (0, \sigma^2)$。

（3）企业的智力资本信息披露是有成本的，包括披露智力资本信息的宣传费用，也包括材料费用，以及相关中介机构费用、律师法务费用、评估费用等。

6.1.2 模型的建立

6.1.2.1 企业的成本

$$c = m + bx^2 \qquad (6-1)$$

企业的智力资本信息披露成本包括固定成本 m，表示一些股东成本如中介费用、评估费用等。但企业智力资本信息披露受到多种来源渠道的限制。而随着来源渠道的扩展，成本成倍增长，因此呈现成本规模递增。b 表示单位企业的智力资本信息披露所产生的成本系数。

6.1.2.2 企业的收益

$$V = (gkx - m - bx^2)(1-p) \qquad (6-2)$$

其中，$(gkx - m - bx^2)$ 表示企业的效用，即企业的价值增值和成本的差额。然而，由于基于资源交换理论，企业需要付出对应的成本，而 $p(gkx - m - bx^2)$ 就是政府的收益，也是企业建立政治资源需要付出的成本的一部分。

6.1.2.3 政府的监督成本

政府对企业有监督职能，如果企业主动披露智力资本的相关信息，这有利于政府全面了解企业的智力资本信息情况，从而政府部门的调查成本减少。

$$c = n - sx \tag{6-3}$$

其中，n 表示政府对企业监督的固定成本，包括人员的收入；s 表示由于企业信息披露质量提高而减少的成本；p 表示由于企业的智力资本创新造成的价值升值带来的政府的效益提高系数，政府的收益：

$$Vg = p(gkx - m - bx^2) - n + sx \tag{6-4}$$

6.1.3　模型的推导分析

根据激励相容约束，我们只要研究企业效用最大化时候，企业才会采取政府所希望的行动。机制问题如下所示：

$$\max : V = (gkx - m - bx^2)(1 - p) \tag{6-5}$$

当 $\frac{\partial V}{\partial x} = 0$，此时 $x = \frac{gk}{2b}$。

由此可知，当单位企业智力资本信息披露提升所需要的付出成本系数越大，企业的智力信息披露水平越低。这也说明如果企业智力资本信息披露的质量提升需要企业付出的成本超过预期，企业的智力资本信息披露质量就越低。而企业的单位信息披露质量提升带来的企业价值增长效应越强。这也说明，企业的智力资本信息披露的质量与企业价值成正比。

需要注意的是这个方程还需要满足一个前提条件即参与约束条件，如下式所示，其中 ϖ 表示企业不进行智力资本信息披露时的保留效用，即：

$$V = (gkx - m - bx^2)(1 - p) \geqslant ϖ \tag{6-6}$$

我们将 $x = \frac{gk}{2b}$ 代入式（6-6）就可以求得最大化的利润。

$$V = (gkx - m - bx^2)(1 - p) = (1 - p)\left[\frac{(gk)^2}{4b} - m\right] \tag{6-7}$$

我们将 $x = \frac{gk}{2b}$ 代入式（6-4）就可以求得政府最大化的利润。

$$Vg = p\left(\frac{(gk)^2}{4b} - m\right) - n + \frac{sgk}{2b} \qquad (6-8)$$

而考虑到的政府的收益函数是单调递增函数即当政府效用提高越高时候，政府收益越大，而考虑到政府制定系数并不能无限增大，否则企业就会选择不采取任何行动。因此，为了收益水平较为稳定，而更多需要考虑企业的意愿。

我们将 $x = \frac{gk}{2b}$ 代入式（6-6）就可以求得政府的效用提高系数的范围，所以在如下条件下才能激励企业参与智力资本信息披露：

$$p \leqslant 1 - \frac{4b\varpi}{g^2k^2 - 4bm} \qquad (6-9)$$

综上所述，我们发现政府的效用增加系数如果过高，企业进行智力资本信息披露的概率就会较低。这里存在一个临界值，如果政府的效用增加系数低于这个临界值，企业的智力资本信息披露质量的提高就会带来企业价值的增长。企业的单位信息披露质量提升导致的企业价值增长效应越强，企业越愿意进行披露。在满足两个约束条件下，企业资本信息披露质量和企业价值存在正相关关系。此外，随着企业的调节因素的效应提高，企业的信息披露对企业价值有正向作用。

6.2 理论分析与研究假设

6.2.1 市场化程度对智力资本信息披露影响企业价值的调节作用

我国经济当前正处于改革转型阶段，制度环境的适时调整对市场经济的正常秩序产生了一定的干扰，尤其是市场化程度这一重要因素，该因素在某种程度上能够真实地将我国各地区之间经济金融领域及资源分配领域的差异化反映出来（吴晓晖和叶瑛，2009）。通过该种差异的比较，我们不难发现我国各地区之间的市场化程度参差不齐（唐雪松等，2010）。与此同时，市场化程度本身具有外部治理的功效，即可以作为测算交易成本的度量指标，交易成本越低越有利于合理配置市场的资源（方军雄，2008）。

一方面，市场化程度与政府向企业寻租之间存在负相关关系。市场化程度越高，政府向企业寻租的行为就会减少，寻租的可能性较低，信息不对称和代理问题相对削弱，企业可以将更多的精力投入到企业价值的提升中，但从另一个角度来看，市场化程度越高，需求就会增多，为了满足市场需求，企业就需要不断地提升产品服务的多样性及新颖性，企业创新能力的提升成了新的挑战。考虑到市场化程度越高，专利的保护意识越强，而在此时，企业就不得不加大投入智力资本。而在市场化程度低的区域，投资者和企业之间信息不对称问题更加突出，市场化程度越低，政府的干预效力越明显，政府可以通过控制企业需要获得贷款等资金政策来干预企业活动，企业在智力资本方面的投入所带来的收益往往不能立竿见影地凸显出来，这就与政府增加地方收入的目标相违背，此时就会产生政府向企业寻租的行为，企业受到的资金等因素限制可能增多，会导致企业智力资本投入较少。且市场化程度缓慢的地方，市场竞争并不十分明显，企业缺乏足够的动机加大智力资本的投入。另一方面，市场化程度与信息披露意愿有关。市场化程度高的企业，往往会把握住市场，通过各种途径留住投资者，为了让投资者更好地了解，企业往往会主动披露有助于树立积极形象的信息，而市场化程度高的地区交流更加便利，投资者可以通过新媒体等多种途径高效快捷获取信息，因此企业愿意披露智力信息的可能性就越大。在本书现有的地域统计中，开通微博位列前三的地区分别为北京、广东和福建，北京作为首都，无论政治地位和经济地位均首屈一指，而广东和福建均地处东南沿海，属于经济发展高速地带。与此相对应的，开通微博最少的三个地区分别为西藏、黑龙江和内蒙古，这三个地方均属于中国市场化程度较慢的地区，对自媒体的运用也相对滞后，这说明相比较经济落后地区，经济发达地区更有人力、物力、财力利用自媒体形式与外界投资者沟通互动，对上市公司进行更全面的信息披露和管理。

因此，本书着重研究在智力资本信息披露影响企业价值时，制度环境因素中市场化程度作为外在动因是否具有调节作用，提出如下假设：

假设6.1：市场化程度对智力资本信息披露影响企业价值起正向调节作用。

6.2.2　产权性质对智力资本信息披露影响企业价值的调节作用

产权性质的差异，是中国特色社会主义经济的一个显著特征。随着改革浪潮的涌起，国有企业与民营企业间的竞争也处于白炽化。而国有与非国有企业是否存在信息披露的差异，至今为止都存在分歧。陶岚和刘波罗（2013）曾经在研究中指出，国有企业相对于民营或私营企业，公众的关注度和对信息披露的期望值更高，国有企业因此会尤为慎重进行信息披露。尹开国等（2014）经比较国有和非国有企业之间的信息披露水平，发现前者明显优于后者，原因在于国有企业不是仅仅追求利润，而且需要承载更多的社会属性，例如保护环境、解决就业等社会属性。这些社会属性的实现过程需要向社会不断进行信息的披露，但也正是因为这些信息的披露，使国有企业获得社会公众更多的合法性认同。同理可知，作为会计信息的一部分，其对不同产权性质的企业价值作用可能具有一定的差异性。

因而本章提出假设6.2：

假设6.2：相对于国有企业，智力资本信息披露对非国有企业价值的正向影响更大。

6.2.3　投资者结构对智力资本信息披露影响企业价值的调节作用

学术界中有关机构投资者在信息传递过程中所处位置及作用功效的争议从未停止。认可机构投资者并认为其在提高企业效率过程中发挥积极作用的学术观点占多数，该部分学者通过研究表明，机构投资者能够利用数据的分析、加工帮助企业高管识别风险，能够传递给外部利益相关者更多极具价值的内部信息，可以被看作是企业信息传导的助推手，有利于企业更好地进行信息披露（崔学刚，2004）。江向才（2004）通过研究表明机构投资者是否参与直接关系到企业信息的透明度。王咏梅和王亚平（2011）提出机构投资者的参与，有助于企业管理，机构投资者持有股份越多，企业披露信息的效率越高，机构投资者的参与能够维持资本市场的整体稳定。而针对机构投资者持股份额和信息披露效率两者联系的研究，结果均显示机构投资者持股份额与市场流动性成正比，信息披露效率也会因机构投资者参与而提升（孔东民等，2015，杨海燕等，2012）。原因在于机构投资者拥有雄厚的资源基础，机构投资者希望获取更为充分的企业相关信息（El-Gazzar，1998）。琳达和大卫（Linda and David，1988）指出，机构投资者能够约束公司治理行为。经研究发现，较高机构投资者持股比例的企业，其经营行为更为规范，投资风险随之分散，且机构投资者能够帮助公司披露更多的信息，促使股价上升。因此，机构投资者很大程度上对信息的传递以及结果产生了影响，我们也可据此推断，机构投资者很可能会对智力资本信息的传递过程以及结果等产生影响。

在信息传递的过程中，股价中特有信息关系着机构投资者行为，进而会对企业价值产生影响。王磊和陈国进（2009）选择证券基金类机构投资者作为研究对象，试图实证检验机构投资者行为是否能够影响资本市场效率，结果表明机构投资者的行为有助于股价反应，能够有效加快信息的传播。侯宇和叶冬艳（2008）则从信息视角，探索机构投资者行为的经济后果，得出的结论基本一致，即机构投资者行为带有信息色彩，并能够间接提高资本市场效率。

目前，智力资本信息在资本市场发育程度较高的国家已经引起了机构投资者和分析师的关注。相对于散户，机构投资者投资行为更具理性，对信息较为敏感，对市场行情的判断更为准确，在信息获取方面占据一定优势，因而能够干预企业决策。当机构投资者在企业持有一定数量股份时，出于维护自身利益，机构投资者将会拓展信息来源渠道，来获取包含智力资本信息在内的，更多有助于其判断企业真实盈利能力的信息。通过智力资本信息等核心信息决定投资行为，实现利润最大化。而机构投资者的买卖行为也能够侧面向散户投资者透露出更多与企业经营情况相关的重要智力资本信息，为企业招揽融资，间接提升企业价值。对企业而言，当其意识到智力资本信息受到机构投资者更多关注时，能够有意让股价融入更多智力资本，增强了披露与企业价值的相关性。机构投资者持股比例增加，对管理层产生的监管效应越好，公司的内控机制就能够更加完善，从而降低损害企业利益行为的发生率。

与此同时，在研究机构投资者对智力资本信息披露影响企业价值过程中的调节作用时，应考虑到机构投资者的异质性这一要素。机构投资者之间存在类型、行为风格、资金来源、利益追求等多方面的差异，这些异质性直接决定机构投资者的投资策略、投资角色以及公司最终治理结果的不同。因此，如何将机构投资者进行分类？可以将机构投资者分为两类：压力抵制型和敏感型（James et al.，1988）。压力抵制型是指和企业之间没有商业利益交换，投资和被投资之间关系简单纯粹的这一类机构投资者。现有研究显示，在公司治理中压力抵制型机构投资者具有很强的独立性，可以充分发挥治理作用，能够积极应对企业内部利益相关者的考验，通过制约监督企业高管，进而改善企业的经营水平。压力敏感型是指与企业间有密切的商业往来，利益相互依存，彼此间商业关系密切的一类机构投资者。该类敏感型机构投资者往往将与其相关的投资活动置于首位，并选择将有限现金资源全部应用于此。压力敏感型机构投资者缺乏外部独立性，在公司治理中容易迫于获利压力而受到企业管理层的钳制（陈旭等，2015；俞绍文和张磊，2015；潘越等，2014）。综上可知，压力敏感型同压力抵制型机构投资者相比，在投资决策和企业经营过程中的影响力较小。因此提出假设：

假设 6.3：机构投资者的参与能够增进智力资本信息披露对企业价值的影响，即机构投资者持股比例越高，智力资本信息披露对企业价值的影响越大。

假设 6.3.1：智力资本信息披露影响企业价值过程中，压力抵制型机构投资者持有公司股票份额比例与增进效应成正比。

假设 6.3.2：智力资本信息披露影响企业价值过程中，压力敏感型机构投资者持有公司股票份额比例与增进效应成正比。

6.3　实证研究设计

6.3.1　样本选择和数据来源

基于前几章的实证研究，本章亦以 2013～2017 年创业板上市公司作为研究对象。创业板上市公司名录来源于深交所网站。智力资本信息有关数据从上市公司年报、各上市公司网站公布的相关信息、新浪微博、腾讯微博真实身份认证的加 v 官方微博中手工收集。其他相关数据来源于 CSMAR 数据库、巨潮资讯网、锐思数据库。剔除金融类和相关研究变量数据缺失的公司数据。利用 Stata15 进行数据统计和回归分析。

6.3.2　变量定义

6.3.2.1　被解释变量：企业价值

本章对企业价值的定义与第 3 章保持一致，被解释变量为企业价值，用 Tobin's Q 指数进行测量。

6.3.2.2　解释变量：智力资本信息披露

本章对智力资本信息披露的定义与第 3 章保持一致，利用智力资本多源化信息披露总分除以智力资本多源化信息披露满分，得到智力资本多源化信息披露指数来测量智力资本信息披露。

6.3.2.3　调节变量

（1）市场化程度。王小鲁等（2013）利用市场化水平的指标体系测算各地方连续多年的市场化指数，该指数在一定程度上科学且全面地刻画了中国市场化改革的进程。因此，选用该指数（樊纲等于 2016 年编制更新）作为本书研究公司所在地市场化程度的衡量指标，当该指数值较高时，代表市场化程度较快，所处地区拥有较优越的外部治理条件。由于樊纲和王小鲁《中国市场化指数——各地区市场化相对进程 2016 年报告》中的数据截至 2014 年，因此本书 2013～2014 年的市场化指数直接选用该报告中的数据，而 2015～2017 年的市场化指数采取上年指数加上前三年指数增加值的平均数的方法确定（杨兴全和曾春华，2012），出于方便比较的目的，本书设置虚拟变量 MAR。当该地区市场化程度大于当年各省市场化程度平均数时，MAR 为 1，反之为 0。

（2）产权性质。产权性质是指创业板上市公司实际控制人的性质，基于本书研究的需要，当创业板上市公司实际控制人的性质为国有时，设置为 1；当创业板上市公司实际控制人的性质为非国有时，设置为 0。

（3）机构投资者持股比例。本书采用的机构投资者持股比例＝机构投资者持有股票票面金额/企业所有股票票面金额。如前所述，考虑到机构投资者的异质性，按照杨海燕等（2012）等提出的分类，将社保基金、基金、QFII 等分于压力抵制型，压力敏感型则涵盖财务公司、券商理财、券商、信托公司、保险公司、企业年金等。这一分类方法主要考虑到社保基金、基金、QFII 具有自身较为规范、持股较为稳定，维护机制健全等特点，参与公司治理具有独立性和有效性，因而将其划为压力抵制型机构投资者。信托公司、保险公司、券商等都与企业存有商业利益依存的关系，容易产生短视化投资行为，因此划归为压力敏感型机构投资者。持股比例分别以各类机构的持有股份占比衡量大小。INR 代表压力抵制型机构投资者持股比例综合，INS 代表压力敏感型机构投资者持股比例综合。

（4）控制变量。本书参照相关学者的研究，遵循可靠性原则，选取以下控制变量，详见表 6 - 1。

表 6 - 1　　　　　　　　　　　主要变量说明

变量类型	变量名称	变量符号	说明
被解释变量	企业价值	TQ	Tobin's Q
解释变量	智力资本信息披露指数	ICDI	智力资本多源化信息披露汇总分值/总分
调节变量	市场化程度	MAR	某地区市场化程度大于当年各省市场化程度平均数时为1，否则为0
	产权性质	SOE	当创业板上市公司实际控制人的性质为国有时 SOE＝1；当创业板上市公司实际控制人的性质为非国有时，SOE＝0
	机构投资者	INB	机构投资者持股比例
	压力抵制型机构投资者	INR	
	压力敏感型机构投资者	INS	

变量类型	变量名称	变量符号	说明
控制变量	获利能力	Roe	净资产收益率 = 净利润 ÷ 期末股东权益 × 100%
	债务水平	Lev	资产负债率 = 负债总额 ÷ 资产总额 × 100%
	公司规模	Size	年末总资产账面价值的自然对数
	成长性	Growth	主营业务收入增长率 = (本年主营业务收入 - 上年主营业务收入) ÷ 上年主营业务收入 × 100%
	现金净流量	Cash	现金净流量 = 经营性现金流量 ÷ 营业总收入
	股权集中度	Con	企业前十大股东持股比例总和
虚拟变量	年度	YEAR	虚拟变量

6.4 市场化对智力资本信息披露影响企业价值的调节效应检验

6.4.1 实证模型设计

鉴于第 3 章中已经对创业板公司智力资本信息披露对企业价值的直接影响进行了检验,本节在第 3 章的模型基础上,加入了市场化程度 MAR 和 MAR × ICDI 两个变量来建立模型 (6 - 10),考察市场化程度在智力资本信息披露对公司价值的影响过程中产生的调节作用。

调节作用能够引发解释变量和被解释量两者之间方向的转换以及关系的强弱变化,具体模型为 $Y = aX + bM + cXM + e$ 即 $Y = (a + cM)X + bM + e$。在 M 保持固定的条件下, $(a + cM)$ 的值影响 Y 与 X 的关系。c 代表模型调节效应的大小,c 值显著则 M 对模型整体具有一定的调节效应。

$$TQ = \alpha_0 + \alpha_1 ICDI_t + \alpha_2 MAR + \alpha_3 MAR \times ICDI_t + \alpha_4 Roe + \alpha_5 Lev + \alpha_6 Size$$
$$+ \alpha_7 Growth + \alpha_8 Cash + \alpha_9 Con + \sum YEAR + \varepsilon \qquad (6 - 10)$$

上述模型中, t 分别表示年度, TQ 表示公司价值,用 Tobin's Q 衡量, ICDI 表示多源化智力资本信息披露指数, MAR 表示市场化程度,控制变量包括企业规模、财务杠杆、成长性、股权集中度与年度虚拟变量等在内的控制变量。

6.4.2 描述性统计分析

描述性统计分析如表 6 - 2 所示。

表 6 - 2　　　　　　　　　描述性统计分析

变量	观测值	平均值	标准差	最小值	最大值
TQ	1770	4.1672	3.1427	0.4343	35.0824
ICDI	1770	0.4287	0.1074	0.0733	0.6838
MAR	1770	0.6921	0.4618	0	1
Roe	1770	0.0524	0.0983	- 1.8069	0.45
Lev	1770	0.3026	0.1685	0.0111	1.0372
Size	1770	21.3777	0.7996	19.2895	24.544
Growth	1770	0.3045	0.4848	- 0.9106	5.8017
Cash	1770	0.157	0.2808	- 5.5378	1.5904
Con	1770	0.5785	0.1184	0.1128	0.8872

表 6 - 2 为描述性统计结果，样本公司的企业价值的平均值为 4.1672，标准差为 3.1427，样本公司的智力资本信息披露指数的平均值为 0.4287，最小值为 0.0733，最大值为 0.6838，MAR 的平均值为 0.6921，标准差为 0.4618，公司的净资产收益率平均为 5.24%，资产负债率平均为 30.26%，资产规模的平均值为 21.3777，主营业务增长率为 30.45% 现金净流量均值为 0.1570，股权集中度均值为 0.5785。

6.4.3 相关性分析

利用 Person 相关分析法对自变量与因变量之间进行相关性分析，如表 6 - 3 所示。

表 6 - 3　　　　　　　　　　　　相关系数分析

变量	TQ	ICDI	MAR	MAR×ICDI	Roe	Lev	Size	Growth	Cash	Con
TQ	1									
ICDI	0.0538***	1								
MAR	0.0149*	0.028	1							
MAR×ICDI	0.0341**	0.356***	0.9148***	1						
Roe	0.1451***	0.0119*	-0.0113	-0.0021	1					
Lev	-0.2436	-0.0132	0.0261	0.0243	-0.0132	1				
Size	-0.2356***	0.0348	0.0047	0.0182	0.0576***	0.4538	1			
Growth	0.0912***	0.0243	0.0476**	0.0549**	0.1112***	0.2283***	0.2803***	1		
Cash	0.1242***	-0.0513**	-0.042*	-0.0575**	0.1242***	-0.0513**	0.1242***	-0.0513**	1	
Con	0.0668***	0.2447***	-0.0134	0.0766**	0.0789**	-0.1265***	-0.183***	-0.0046	0.1507***	1

注：表中为 pearson 距相关系数。其中 *、**、*** 分别表示在 10%、5% 和 1% 的水平上显著，双尾检验。

本书对主要变量进行了如下的 Pearson 相关性分析。通过表 6 - 3 可以看出，ICDI 与 Tobin's Q 值之间为 0.0538，且在 1% 水平上显著正相关，这与本书第 3 章的论断相一致。市场化程度与企业价值的相关系数为 0.0149，市场化程度与智力资本信息披露的交乘项与企业价值在 5% 水平上的相关系数为 0.0341，且显著。在控制变量方面，现金流量、成长性、股权集中率、净资产收益率均与企业价值在 1% 水平上显著正相关，而资产负债率、公司规模则与企业价值之间在 1% 水平上显著负相关。

6.4.4　模型检验结果与分析

为确定适合的模型，本书对数据进行了 Hausman 检验，根据检验结果，模选用固定效应模型。根据第 3 章的数据显示，实证检验二者间直接影响时的 R^2 为 0.3546，而从表 6 - 4 的回归结果来看，在加入市场化程度与智力资本信息披露交乘项这一变量之后，R^2 为 0.3558，比未加入调节变量时 R^2 显著增高，这表示市场化程度具有显著的调节效应，可以作为调节变量。进一步地来看，智力资本信息披露与市场化程度交乘项的系数为 1.9604，且在 10% 水平上显著为正，说明市场化程度的确会对公司智力资本信息披露与其公司价值的关系产生一定的调节效应。与此同时,在模型(6-10)中,市场化程度的系数 $a_1 = -0.7530 < 0$, $a_1 + a_2 = 1.9604 > 0$,这说明调节效应改变了自变量与因变量之间的符号。由此可见,市场化程度在智力资本信息披露影响企业价值的过程中具有调节作用:在市场化程度较高的地区,智力资本信息披露指数越高的公司,企业价值越高,假设6.1得到了支持。

表6-4 　　　　　　　　　　　回归分析结果

变量	TQ	
	系数	T 值
ICDI	1.8623	1.87 **
MAR	−0.753	−1.43 *
MAR × ICDI	1.9604	1.64 **
Roe	3.7219	5.77 ***
Lev	−2.9276	−6.79 ***
Size	−1.0121	−10.49 ***
Growth	0.9605	7.26 ***
Cash	0.2357	0.98
Con	24.0116	11.29 ***
截距项	28.2594	13.52 ***
YEAR	控制	
N	1770	
R^2	0.3558	
Adjust-R^2	0.3514	
F 值	80.86 ***	

注:参数估计下括号内为 t 检验值; * 、 ** 、 *** 分别表示在10% 、5%和1%的水平上显著。

6.5　产权性质对智力资本信息披露影响企业价值调节效应检验

6.5.1　实证模型设计

本书构建模型(6-11),设置产权性质与智力资本信息披露的交乘项,进行全样本回归分析；构建模型（6-12），按照国有企业与非国有企业进行分组回归。

$$TQ = \alpha_0 + \alpha_1 ICDI_t + \alpha_2 SOE + \alpha_3 SOE \times ICDI_t + \alpha_4 Roe + \alpha_5 Lev + \alpha_6 Size$$
$$+ \alpha_7 Growth + \alpha_8 Cash + \alpha_9 Con + \sum YEAR + \varepsilon \qquad (6-11)$$

$$TQ = \alpha_0 + \alpha_1 ICDI_t + \alpha_2 SOE + \alpha_3 Roe + \alpha_4 Lev + \alpha_5 Size$$
$$+ \alpha_6 Growth + \alpha_7 Cash + \alpha_8 Con + \sum YEAR + \varepsilon \qquad (6-12)$$

上述模型中，t 分别表示年度。控制变量包括企业规模、财务杠杆、成长性、股权集中度与年度虚拟变量等在内的控制变量。

6.5.2　描述性统计分析

表6-5 列示了变量的描述性统计结果，可以看出，经过对样本的处理工作，样本公司的企业价值的平均值为4.1672，标准差为3.1427，样本公司的智力资本信息披露指数的平均值为0.4287，最小值为0.0733，最大值为0.6838，SOE 的平均值为0.04287，公司的净资产收益率平均为5.24%，资产负债率平均为30.26%，资产规模的平均值为21.3777，主营业务增长率为30.45%，现金净流量均值为0.1570，股权集中度均值为0.5785。

表6-5　　　　　　　　　　描述性统计分析

变量	观测值	平均值	标准差	最小值	最大值
TQ	1770	4.1672	3.1427	0.4343	35.0824
ICDI	1770	0.4287	0.1074	0.0733	0.6838
SOE	1770	0.0424	0.2015	0	1
Roe	1770	0.0524	0.0983	-1.8069	0.45
Lev	1770	0.3026	0.1685	0.0111	1.0372
Size	1770	21.3777	0.7996	19.2895	24.544
Growth	1770	0.3045	0.4848	-0.9106	5.8017
Cash	1770	0.157	0.2808	-5.5378	1.5904
Con	1770	0.5785	0.1184	0.1128	0.8872

6.5.3 相关性分析

利用 Person 相关分析法对自变量与因变量之间进行相关性分析，如表 6－6 所示。智力资本信息披露与企业价值之间的相关系数是 0.0538，在 1% 水平上呈显著正相关关系，这与本书第 3 章的论断相一致。产权性质与企业价值的相关系数为－0.0223，但不显著。但是产权性质与智力资本信息披露的交乘项与企业价值呈负相关，且在 5% 水平上显著。关于控制变量，成长性、净资产收益率、现金流量均和企业价值在不同水平上显著正相关，而资产负债率、公司规模则与企业价值之间在 5% 水平上显著负相关。

表 6－6　　　　　　　　　　相关系数分析

	TQ	ICDI	SOE	SOE×ICDI	Roe	Lev	Size	Growth	Cash	Con
TQ	1									
ICDI	0.0538 ***	1								
SOE	−0.0223	−0.0038	1							
SOE×ICDI	−0.0264 **	0.0429 **	0.9713 ***	1						
Roe	0.1451 ***	0.0119 *	−0.0188	−0.0176	1					
Lev	−0.2436	−0.0132	−0.0145	−0.0059	−0.0132	1				
Size	−0.2356 ***	0.0348	0.001	−0.0008	0.0576 ***	0.4538	1			
Growth	0.0912 ***	0.0243	−0.0366	−0.0327	0.1112 ***	0.2283 ***	0.2803 ***	1		
Cash	0.1242 ***	−0.0513 **	−0.0066	−0.0096	0.1242 ***	−0.0513 **	0.1242 ***	−0.0513 **	1	
Con	0.0668 ***	0.2447 ***	−0.0009	0.0045	0.0789 ***	−0.1265 ***	−0.183 ***	−0.0046	0.1507 ***	1

注：表中为 pearson 距相关系数。其中 *、**、*** 分别表示在 10%、5% 和 1% 的水平上显著，双尾检验。

6.5.4 模型检验结果与分析

表 6－7 为模型（6－11）和模型（6－12）的回归结果，可以看出产权性质在智力资本信息披露影响企业价值过程中具有调节作用。由表 6－7 第一列所示，在模型（6－11）的回归分析结果中，智力资本信息披露的系数为 3.0488，呈显著正向相关关系，表明披露智力资本有助于价值的提升，与

第3章中的假设论断一致。由模型（6-12）的回归结果可以看到，产权性质对智力资本信息披露的回归系数在10%的水平上显著，这表明国有与非国有企业智力资本信息披露存在一定的差异，且模型（6-12）的回归结果表明，智力资本信息披露与产权性质的交互项回归系数在1%水平上显著负相关，说明国有产权性质会弱化智力资本信息披露对企业价值的积极促进作用，非国有控制企业的智力资本信息披露在影响企业价值的过程中发挥更大的正向作用。分组检验的结果也表明，在国有控制的样本组中，智力资本信息披露对企业价值的正向作用不显著，而在非国有样本组中，智力资本信息披露对企业价值有着显著的正向作用，假设6.2得到了支持。在控制变量中，资产负债率、企业规模成长性等变量与企业价值呈显著的正相关关系，股权集中度、现金流量与企业价值呈正相关关系，但不显著。

表6-7   回归分析结果

变量	全样本回归 模型6-11		全样本回归 模型6-12		分组回归 国有组		分组回归 非国有组	
	系数	T值	系数	T值	系数	T值	系数	T值
ICDI	3.0488	4.84***	3.3027	5.15***	3.1705	1.34	3.3544	5.17***
SOE	-0.2765	-0.92*	2.3174	1.81*				
SOE×ICDI			-6.0746	-2.08***				
Roe	3.7152	5.75***	3.7318	5.78***	5.4177	1.17	3.7206	5.68***
Lev	-2.9124	-6.75***	-2.8684	-6.65***	-6.5075	-3.05***	-2.7890	-0.623***
Size	-1.0100	-10.46***	-1.0172	-10.53***	-0.9891	-2.75***	-1.0234	-10.28***
Growth	0.9602	7.25***	0.9611	7.27***	4.1390	4.72***	0.9175	6.82***
Cash	0.2196	0.91	0.2234	0.93	0.7728	0.5	0.2288	0.93
Con	0.3701	0.65	0.3363	0.59	2.4140	0.91	0.2455	0.42
截距项	23.3364	11.05	23.3808	11.08***	24.4718	3.14***	23.5300	10.81***
YEAR	控制		控制		控制		控制	
N	1770		1770				1770	
R²	0.3551		0.3567		0.56		0.3546	
Adjust-R²	0.3507		0.3519		0.4832		0.3504	
F值	80.62***		74.89***		23.12***		38.10***	

注：参数估计下括号内是t检验值；*、***分别表示在10%和1%的水平上显著。

6.5.5　稳健性检验

为了检验上述回归结果的稳健性，首先，在固定效应模型（Fixed Effect）回归中，本书用 cluster 处理所有回归系数的标准误差，有效地控制了序列自相关和潜在的异方差的问题，处理后的结论与上述结论一致；其次，采用 Robust 最小二乘法的方法进行回归分析，对于潜在的异方差，采用怀特校正法进行处理，结论与上述结论完全一致；再次，更换了研究样本，选取 2003 ~ 2017 年 A 股上市公司中连续上市三年的公司作为研究对象，剔除金融类和数据不全的上市公司样本。进行多元回归分析后，仍具有一致性。这说明本书的研究结论较为稳健，产权性质的调节作用不言而喻。由于本书回归模型的方差膨胀因子均小于 10，因此，可以不考虑严重共线性的制约。

6.6　机构投资者对智力资本信息披露和企业价值调节效应检验

6.6.1　实证模型设计

在前面理论分析的基础上，建立以下实证检验模型。用模型（6 - 13）检验假设 6.3，主要研究交互项在智力资本信息披露影响企业价值两者过程中发挥的效用。用模型（6 - 14）、模型（6 - 15）检验假设 6.3.2 和假设 6.3.3 中提及不同机构投资者在智力资本信息披露影响企业价值中起到的何种作用。

$$TQ = \alpha_0 + \alpha_1 ICDI_t + \alpha_2 IBN + \alpha_3 IBN \times ICDI_t + \alpha_4 Roe + \alpha_5 Lev + \alpha_6 Size$$
$$+ \alpha_7 Growth + \alpha_8 Cash + \alpha_9 Con + \sum YEAR + \varepsilon \qquad (6 - 13)$$

$$TQ = \alpha_0 + \alpha_1 ICDI_t + \alpha_2 INR + \alpha_3 INR \times ICDI_t + \alpha_4 Roe + \alpha_5 Lev + \alpha_6 Size$$

$$+ \alpha_7 \text{Growth} + \alpha_8 \text{Cash} + \alpha_9 \text{Con} + \sum \text{YEAR} + \varepsilon \qquad (6-14)$$

$$TQ = \alpha_0 + \alpha_1 \text{ICDI}_t + \alpha_2 \text{INS} + \alpha_3 \text{INS} \times \text{ICDI}_t + \alpha_4 \text{Roe} + \alpha_5 \text{Lev} + \alpha_6 \text{Size}$$

$$+ \alpha_7 \text{Growth} + \alpha_8 \text{Cash} + \alpha_9 \text{Con} + \sum \text{YEAR} + \varepsilon \qquad (6-15)$$

上述模型中，t 分别表示年度。控制变量包括企业规模、财务杠杆、成长性、股权集中度与年度虚拟变量等在内的控制变量。随后，使用回归模型（6-13）对假设 6.3 进行检验。本部分试图检验不同类型机构投资者对两者间影响产生的差异，还分别选用压力抵制型和压力敏感型两类机构投资者的持股比例重新进行模型（6-14）和模型（6-15）的回归估计。

6.6.2 描述性统计分析

表 6-8 列示了变量的描述性统计结果，可以看出，通过基础数据的处理，已经将极端值去掉，样本公司的企业价值的平均值为 4.1672，标准差为 3.1427，而企业价值的最大值和最小值之间的差距较大，表明不同企业的企业价值存在一定程度的差异。样本公司的 ICDI 的平均值为 0.4287，最小值为 0.0733，最大值为 0.6838，表示创业板各上市公司的智力资本信息披露状况并不十分理想，相差较大。INB 的平均值为 0.2180，其中 INS 平均值为 0.1588，INR 平均值为 0.0591，说明创业板上市公司中机构投资者平均持股比例可达到 21%，压力抵制型比压力敏感型机构投资者的持股比例高出 10% 左右。公司的净资产收益率平均为 5.24%，资产负债率平均为 30.26%，总体财务风险适中，资产规模的平均值为 21.3777，股权集中度均值为 0.5785，主营业务增长率为 30.45%，现金净流量均值为 0.1570，表明样本企业具有良好的成长能力，但现金流状况存在一定的差异。

表 6-8 描述性统计分析

变量	观测值	平均值	标准差	最小值	最大值
TQ	1770	4.1672	3.1427	0.4343	35.0824
ICDI	1770	0.4287	0.1074	0.0733	0.6838
INB	1770	0.2180	0.1879	0	0.8824

续表

变量	观测值	平均值	标准差	最小值	最大值
INR	1770	0. 0591	0. 0684	0	0. 4581
INS	1770	0. 1588	0. 1822	0	0. 7884
Roe	1770	0. 0524	0. 0983	− 1. 8069	0. 4500
Lev	1770	0. 3026	0. 1685	0. 0111	1. 0372
Size	1770	21. 3777	0. 7996	19. 2895	24. 5440
Growth	1770	0. 3045	0. 4848	− 0. 9106	5. 8017
Cash	1770	0. 1570	0. 2808	− 5. 5378	1. 5904
Con	1770	0. 5785	0. 1184	0. 1128	0. 8872

6.6.3 相关性分析

利用 Person 相关分析法对自变量与因变量之间进行相关性分析，如表 6 - 9 所示。

表 6 - 9 相关系数分析

	TQ	ICDI	INB	INR	INS	Roe	Lev	Size	Growth	Cash	Con
TQ	1										
ICDI	0. 0538 ***	1									
INB	0. 0227 **	0. 0669 ***	1								
INR	0. 2793 ***	− 0. 0326	0. 2642 ***	1							
INS	− 0. 0814***	0. 0813 ***	0. 9322 ***	− 0. 1028***	1						
Roe	0. 1451 ***	0. 0119 *	0. 05 **	0. 2165 ***	− 0. 0297	1					
Lev	− 0. 2436	− 0. 0132	0. 1012 ***	− 0. 1584***	0. 1638 ***	− 0. 0132	1				
Size	− 0. 2356***	0. 0348	0. 2313 ***	0. 1127 ***	0. 1963 ***	0. 0576 ***	0. 4538	1			
Growth	0. 0912 ***	0. 0243	0. 0912 ***	0. 1085 ***	0. 0533 **	0. 1112 ***	0. 2283 ***	0. 2803 ***	1		
Cash	0. 1242 ***	− 0. 0513 **	− 0. 0418 **	0. 0764 ***	− 0. 0718***	0. 1242 ***	− 0. 0513 **	0. 1242 ***	− 0. 0513 **	1	
Con	0. 0668 ***	0. 2447 ***	0. 1126 ***	− 0. 0045	0. 1178 ***	0. 0789 ***	− 0. 1265***	− 0. 183 ***	− 0. 0046	0. 1507 ***	1

注：表中为 pearson 距相关系数。其中 * 、** 、*** 分别表示在 10%、5% 和 1% 的水平上显著，双尾检验。

通过表 6 - 9 显示，各个主要变量之间的相关系数均小于 0. 5，说明变量的选择较为合理，未产生严重多重共线性。机构投资者持股比例与企业价值之间的相关系数为 0.0227，在 1% 水平上正向显著相关，即企业价值随机构投资者持有的股权而增加，初步证明了本章的假设 6.3 是成立的。压力敏感型机构投资者持股比例与企业价值之间的相关系数为 0.2793，在 1% 水平上正向显著相关，证明加入压力敏感型机构投资者后，企业价值有所提高。压力敏感型机构投资者持股比例与企业价值之间的相关系数为 −0.0814，且在 1% 水平上显著负相关，即压力敏感型机构投资者的引入不利于企业价值的提升。ICDI 与企业价值之间的相关系数为 0.0538，表明两者在 1% 水平上呈显著的正向相关关系。在控制变量方面，现金流量、成长性、净资产收益率均与企业价值在保持正向相关关系，而公司规模、资产负债率则对企业价值之间显著负向影响。

6.6.4 模型检验结果与分析

如表 6 − 10 所示，本章与第 3 章中有关智力资本信息披露与企业价值显著正相关的假设论断一致，机构投资者持股比例对企业价值能够产生显著正向影响，但是加入机构投资者持股和智力资本信息披露交互项以后，虽然相关性依然显著，但相关系数变为负值，该结果表示机构投资者的参与程度会减弱智力资本信息披露对企业价值的影响，与假设 6.3.3 的预期符号相反。分析产生这一结果的原因，很可能是由于我国机构投资者发展过快，近年来机构投资者持股比例总和激增，促使机构投资者过度关注其自身挖掘的企业内部信息，而减少了对公开披露的智力资本信息的关注，因此导致机构投资者对两者间关系产生抑制作用。除此之外，其他变量中企业规模、成长性、现金流量比以及现金流量均通过了显著性检验，但股权集中度、净资产收益率与企业价值间的关系不显著。

表 6 − 10　　　　　　　　回归分析结果

变量	TQ		
	系数	T 值	VIF
ICDI	3.8982	4.24 ***	2.63
INB	2.4888	1.87 **	6.88

变量	TQ		
	系数	T 值	VIF
INB × ICDI	− 3. 1116	− 1. 06 **	8. 69
Roe	4. 6206	7. 19 ***	1. 08
Lev	0. 0071	0. 9	4. 4
Size	− 1. 3181	− 14. 04 ***	1. 52
Growth	0. 8292	6. 26 ***	1. 12
Cash	0. 6232	2. 61 ***	1. 21
Con	0. 0984	0. 17	1. 29
截距项	28. 2594	13. 52 ***	
Year	控制	N	1770
R^2	0. 343	F 值	70. 51 ***
Adjust-R^2	0. 3381		

注：参数估计下括号内为 t 检验值； ** 、 *** 分别表示 5% 和 1% 的水平上显著。

基于机构投资者具有一定的异质性，本书分别探讨压力敏感型和压力抵制型两类机构投资者在智力资本信息披露影响企业价值过程中的作用，如表 6 – 11 所示，智力资本信息披露指数单独项与企业价值的回归系数分别为 1. 8213 和 3. 0728，分别在 5% 和 1% 水平上显著，再次验证本书第 3 章的假设。进一步验证得出，压力抵制型与压力敏感型机构投资者持股比例的各自单独项与 Tobin's Q 值间的相关系数分别为 7. 6286， − 0. 0306，P 值为 0. 044，0. 067。说明压力抵制型机构投资者持股比例能够对企业价值产生正向影响，其在重视自身利润最大化的同时，对企业智力资本信息的披露同样关注。压力敏感型机构投资者的持股比例则能够对企业价值产生负向影响，说明其主要仍关注公司间的商业关系，对智力资本信息不够关注。同时，交互项的相关系数差异较大，且显著性水平差异较大。这说明机构投资者的独立性不同对两者间关系影响产生差异作用，其中压力抵制型起到的作用更大。

表 6 - 11
表 6 - 11　　　　　　　　　　　回归分析结果

变量	模型（6 - 14）		变量	模型（6 - 15）	
	系数	T 值		系数	T 值
ICDI	1. 8213	2. 4 **	ICDI	3. 0728	4. 81 ***
INR	4. 0925	1. 07	INS	− 0. 4201	− 0. 41
INR × ICDI	7. 6286	2. 01 **	INS × ICDI	− 0. 0306	− 0. 01 **
Roe	3. 3634	5. 39 ***	Roe	4. 7040	7. 31 ***
Lev	0. 0063	0. 84	Lev	0. 0083	1. 05 ***
Size	− 1. 4523	− 16. 13 ***	Size	− 1. 2594	− 13. 48
Growth	0. 7695	6. 05 ***	Growth	0. 8464	6. 37 ***
Cash	0. 4988	2. 18 **	Cash	0. 6624	2. 77 ***
Con	0. 8442	1. 54	Con	0. 6049	1. 54
截距项	31. 7307	15. 95	截距项	27. 3902	15. 95
YEAR	控制		Year	控制	
R^2	0. 3959		R^2	0. 3391	
Adjust-R^2	0. 3915		Adjust-R^2	0. 3342	
N	1770		N	1770	
F 值	88. 54 ***		F 值	69. 3 ***	

注：参数估计下括号内为 t 检验值；* 、** 、*** 分别表示在 10% 、5% 和 1% 的水平上显著。

6.6.5　稳健性检验

由于机构投资者搜集的信息多为历史信息，即一般为先前年度的财务业绩等信息，因而基于此预测出的结果可能存在与企业价值间内生性干扰。因此，为了避免内生性问题，本书将机构投资者持股比例滞后一期，再次代入前面模型（6 - 13）至模型（6 - 15）进行实证检验。如表 6 - 12 所示，智力资本信息披露指数单独项与企业价值的回归系数分别为 4.2050、2.2547 和3.1007，分别在 1% 、5% 和 1% 的水平上显著，再次验证本书第 3 章的假设。与此同时，机构投资者、压力抵制型与压力敏感型持股比例的各自单独项与企业价值间相关系数为 − 5.7862、9.2577、 − 4.5643，分别在 10% 、5% 和5% 水平上显著，与之前的结论相一致，因此，机构投资者持股是外生变量，使用未遭遇内生性问题的干扰，其回归结果是可靠的。

表 6 – 12　　　　　　　　　　　回归分析结果

变量	模型 （6 – 5）		变量	模型 （6 – 6）		变量	模型 （6 – 7）	
	系数	T 值		系数	T 值		系数	T 值
$ICDI_{i,t-1}$	4. 2050	3. 76 ***	$ICDI_{i,t-1}$	2. 2547	2. 38 **	$ICDI_{i,t-1}$	3. 1007	3. 47 ***
$INB_{i,t-1}$	1. 9773	1. 25	$INR_{i,t-1}$	0. 1162	0. 02 *	$INS_{i,t-1}$	3. 7121	0. 39
$ICDI_{i,t-1} \times$ $INB_{i,t-1}$	− 5. 7862	− 1. 66 *	$ICDI_{i,t-1} \times$ $INR_{i,t-1}$	9. 2577	0. 84 **	$ICDI_{i,t-1} \times$ $INS_{i,t-1}$	− 4. 5643	− 0. 95 **
Roe	3. 7796	5. 09 ***	Roe	3. 4948	4. 69 ***	Roe	3. 7484	5. 06 ***
Lev	− 3. 5477	− 6. 57 ***	Lev	− 3. 6308	− 6. 75 ***	Lev	− 3. 5287	− 6. 55 ***
Size	− 1. 0812	− 8. 86 ***	Size	− 1. 1203	− 9. 25 ***	Size	− 1. 0695	− 8. 79 ***
Growth	1. 0525	7. 08 ***	Growth	1. 0280	6. 93 ***	Growth	1. 0521	7. 09 ***
Cash	0. 4426	1. 29	Cash	0. 3550	1. 04	Cash	0. 4327	1. 26
Con	1. 0087	1. 51	Con	0. 9849	1. 49	Con	1. 1265	1. 68 *
截距项	26. 3368	9. 74 ***	截距项	27. 8381	10. 49 ***	截距项	26. 6169	9. 92 ***
Year	控制		Year	控制		Year	控制	
R^2	0. 3075		R^2	0. 3112		R^2	0. 3096	
Adjust-R^2	0. 3016		Adjust-R^2	0. 3112		Adjust-R^2	0. 3037	
N	1416		N	1416		N	1416	
F 值	51. 92 ***		F 值	52. 83 ***		F 值	52. 44 ***	

注：参数估计下括号内为 t 检验值；﹡、﹡﹡、﹡﹡﹡分别表示 10%、5% 和 1% 的水平上显著。

除此之外，更换样本进行稳健性检验，选用 2003 ~ 2017 年 A 股上市公司中连续上市三年的公司作为研究对象，剔除金融类和数据不全的上市公司样本。进行多元回归分析后，稳健性检验结果与原结果保持一致。

6.6.6　进一步讨论

本节通过实证检验了在智力资本信息披露影响企业价值的过程中机构投资者结构扮演的角色及作用。对整体机构投资者而言，其对智力资本信息披露影响企业价值具有负面调节作用，这与本书假设并不一致，分析其原因，主要在于机构投资者可以利用专业的技术和人员，收集挖掘企业内部信息，占据独特的信息优势，机构投资者通常会选用其自身分析的信息而非公开披露的智力资本信息进行投资决策，故机构投资者的参与会对智力资本信息披露影响企业价值产生抑制效果。两种类型的机构投资者对智力资本信息披露影响公司价值存在显著差异。压力敏感型机构投资者与企业间存在承销股票承销、财务咨询等密切商业联系，他们会顾虑到自身的介入会影响到失去已有商业合作机会，损害自身利益。故该类机构投资者较为缺乏激励，在智力资本信息披露影响企业价值的过程中缺乏增进效果。而压力抵制型机构投资者为社保基金等，不存在与被投资企业间的商业联系，且其持股比例日俱规模，压力抵制型机构投资者往往更加关注价值投资。因此，压力抵制型机构投资者的持股比例能够推动智力资本信息披露提升企业价值的进程。

6.7　本章小结

本章以第 3 章为基础，对智力资本信息披露对企业价值的影响的外在动因进行了调节效应分析。首先，对市场化程度进行分析，对市场化程度是如何在智力资本信息披露影响企业价值过程中发挥调节作用的机理进行了论述，并用 2013~2017 年我国上市公司作为对象，对研究假设进行实证分析；其次，对产权性质这一调节因素进行分析，并通过实证检验其调节作用；再次，对投资者结构这一因素进行分析，以机构投资者投资比例为变量，运用实证模型法对研究假设进行检验。最后，分析检验结果可知，市场化程度、产权性质、投资者结构均分别在智力资本信息披露与企业价值的正相关关系中起到了调节效应。

| 第7章 |

结　论

　　在智力资本日益受到企业重视的大背景下，伴着信息技术的发展和智能手机的普及，微博等自媒体已成为每个投资者接触信息最快捷、最便利的方式。自媒体时代的到来，对于智力资本信息披露的方式和内容会产生何种影响？会对传统信息传播和市场信息不对称带来哪些冲击？进而会对资本市场和上市公司带来哪些挑战和机遇？这些都是理论与实务界亟待研究的焦点问题。截至目前，多数研究是基于上市公司年报这一单一渠道展开，研究企业智力资本信息对企业价值的直接影响。而缺乏从多种渠道衡量企业智力资本信息的指标体系，以及从市场反应和融资约束视角关注两者间作用机理及传导路径。本书主要进行了五方面研究：一是设计多源化智力资本信息披露体系，将上市公司网站、官方微博等自媒体纳入智力资本信息披露的渠道，将多种信息渠道所披露的智力资本信息整合构建成体系。二是对全书进行系统的理论分析。三是构建动态的数理模型，并实证检验智力资本信息披露对企业价值的直接影响及滞后影响。四是基于市场反应和融资约束二维视角，分别从投资者信心和融资约束单一路径研究智力资本信息披露对企业价值的间接影响。五是基于外在动因，分别将市场化程度、产权性质和投资者结构纳入检验模型，揭示外在动因的调节效应。具体而言，本书的主要结论和创新点如下。

　　（1）设计了多源化智力资本信息披露指数，搭建了理论分析框架，解释了影响的内在机理。国内学者大多采用单一的上市公司年报作为企业智力资本信息披露的来源，缺乏从多种渠道搜集智力资本信息的相关研究，本书除了以传统的上市公司年报为载体，融入公司网站及官方微博等自媒体信息，构建了多源化智力资本信息披露体系，使披露的智力资本信息更贴近于实际。并基于信息不对称理论、信号传递理论和融资约束理论等基础理论，从"信息观"的视角展开研究，分析了智力资本信息对企业价值的直接影响和滞后影响。并在此基础上建立了全书的整体理论架构，这一框架从短期和滞后期两个时间跨度上描绘了影响的动态全过程。本书构建的理论分析框架，不仅丰富了价值创造理论与信息不对称理论，而且实现了对智力资本信息披露与企业价值相关研究的理论创新。

（2）建立了智力资本信息披露影响企业价值的数学模型，验证了智力资本信息披露对企业价值影响的存在性，并实证检验了滞后影响。当前研究中多围绕两者间的直接影响，较少地从成本收益的角度考察由智力资本引起企业价值的变化。本书首先从数理上证明了智力资本能对企业价值具有提升作用，对智力资本信息披露影响企业价值的机理进行分析，提出研究假设，运用实证研究加以检验，研究表明智力资本信息披露与企业价值呈显著正相关。进一步分析可知，智力资本信息披露影响企业价值存在一定的滞后性。

（3）剖析了智力资本信息披露影响企业价值的传导路径。基于市场反应和融资约束二维视角，分别从投资者信心和融资约束单一路径视角实证检验了智力资本信息披露对企业价值的间接影响。本书分别阐述了智力资本信息在市场反应路径和融资约束路径下对企业价值的影响机理，并实证检验发现市场反应和融资约束分别起到显著的部分中介效应。国内不少研究都是仅针对企业智力资本信息披露行为带来的直接经济后果进行研究，忽视了智力资本信息披露通过不同路径给企业价值带来的影响，本书的深度剖析为此积累了新的经验。

（4）解释了部分因素在智力资本信息披露影响企业价值的过程中的调节作用。从调节因素的视角揭示了智力资本信息披露通过市场化程度、产权性质和投资者结构等多个因素对企业价值的影响机制。国内外学者关于外在动因在智力资本信息披露影响企业价值过程中的作用方面的研究较少，本书在理论分析框架的基础上，分别实证考察了市场化程度、产权性质和投资者结构所起到的调节作用。研究表明，市场化程度、产权性质和投资者结构在智力资本信息披露与企业价值关系中都起到了调节作用。这对智力资本信息披露的经济效果研究更深入、更全面和更系统。本书界定的调节因素是对智力资本信息披露经济效果的丰富和拓展，为该领域的实证研究提供参考和借鉴。

基于理论方面，本研究可以为智力资本信息披露与企业价值的理论研究增砖添瓦，有助于丰富智力资本信息披露内涵和智力资本信息披露系统。基于实践方面，从投资者、政府、企业这三个利益相关者角度出发，本研究可以在现实中应用。首先，从投资者角度来看，可以帮助投资者科学识别企业披露的信息，更好地制定投资决策从而保护好自身利益；其次，从政府等监管部门的角度来看，能够协助政府加强对智力资本信息披露的引导和监管，保护投资者利益，促进资本市场的健康稳定发展；最后，从企业管理层的角度来看，可以鼓励企业开展多源化智力资本信息披露，将智力资本信息提升企业价值的功效发挥出来。因此，研究智力资本信息披露对企业价值的影响具有一定的现实意义。

诚然，受制于条件和思维局限，本书仍存有以下不足及进一步设想。

（1）在设计多源化智力资本信息披露指数方面，还可以进行更细致和更深入的研究。一方面，本书只是在传统上市公司年报的基础上融入公司官网、官方微博等自媒体披露的信息，还可以扩大数据收集范围，拓展信息披露的来源，如将企业的微信公众号纳入进来，使信息来源的广泛性可以有效提升智力资本信息披露的真实性；另一方面，可以在本书实证的基础上，将自媒体智力资本信息披露的效果同传统方式下的披露效果进行比较，从而让现有的研究更加丰富和全面。

（2）在智力资本信息披露影响企业价值的路径研究方面，还可以进行更为充分的研究。从理论上来看，智力资本信息作为自愿信息，其影响企业价值的路径很多，本书只是发现市场反应和融资约束这两条关键路径，但并未囊括全部路径。而且在选用代表性指标时，仅用了投资者信心和 SA 指数来分别作为市场反应和融资约束的替代变量，因此，可进一步探寻使用其他变量进行实证检验，并可以探索智力资本信息披露对企业价值产生影响的其他路径，进而提高研究的全面性。

（3）在智力资本信息披露影响企业价值实证模型检验方面，还可以细致实证数据的样本。本书选取我国创业板上市公司为样本，这是因为创业板公司相对来讲更重视智力资本信息披露。为保证研究结论的一般性，本书中还运用 A 股上市公司数据加以检验，但未分版块、分行业对智力资本信息披露影响企业价值的差异性进行比较，所以在数据样本的选取上可以更加精细化。

参 考 文 献

[1] 蔡吉甫. 我国上市公司内部控制信息披露的实证研究 [J]. 经济与管理评论, 2005 (20): 86 - 89.

[2] 蔡祥. 中国实证会计研究述评 [J]. 中国会计与财务研究, 2003 (2): 155 - 215.

[3] 陈建军. 财务报表舞弊对策探讨 [J]. 财政监督, 2015 (12): 97 - 105.

[4] 陈君宁. 企业智力资本报告研究 [J]. 管理科学, 2006 (10): 32 - 38.

[5] 陈亮. 企业内部沟通中信息传递问题研究 [D]. 长沙: 中南大学, 2005: 36 - 38.

[6] 陈平, 张国英. 智力资本评价指标体系构建思考 [J]. 财会通讯, 2011 (11): 89 - 90.

[7] 陈信元, 颜恩点, 黄俊. 关系网络、信息传递与 IPO 利益联盟——基于承销商和机构投资者的实证研究 [J]. 中国会计评论, 2016 (2): 249 - 279.

[8] 陈旭, 黄当, 邹薇. 独立董事异质性与商业银行经营绩效实证研究 [J]. 湖南科技大学学报: 社会科学版, 2015 (2): 72 - 77.

[9] 崔学刚. 上市公司财务信息披露: 政府功能与角色定位 [J]. 会计研究, 2004 (1): 33 - 38.

[10] 邓可斌, 曾海舰. 中国企业的融资约束: 特征现象与成因检验

［J］．经济研究，2014（2）：47－58.

［11］邓曦东，张满．高新技术企业 R&D 投入与企业价值——基于投资者信心的中介效应分析［J］．会计之友，2016（8）：47－50.

［12］董必荣，路国平，黄中生．企业对外智力资本报告研究［J］．全国无形资产理论与实务研讨会暨两岸无形资产理论与实务研讨会，2010（11）：53－58.

［13］董必荣．国外企业智力资本报告模式述评［J］．上海立信会计学院学报，2010（5）：43－49.

［14］杜军，陈建英，杜勇．亏损逆转质量、投资者信心与公司价值［J］．宏观经济研究，2015（12）：97－105.

［15］方军雄．所有制、市场化进程与资本配置效率［J］．管理世界，2007（11）：27－35.

［16］傅传锐，王美玲．智力资本自愿信息披露、企业生命周期与权益资本成本［J］．经济管理，2018（4）：170－187.

［17］顾群，翟淑萍．融资约束、代理成本与企业创新效率——来自上市高新技术企业的经验证据［J］．经济与管理研究，2012（5）：73－80.

［18］何贤杰，王孝钰，赵海龙，等．上市公司网络新媒体信息披露研究：基于微博的实证分析［J］．财经研究，2016（3）：16－27.

［19］何贤杰，肖土盛，陈信元．企业社会责任信息披露与公司融资约束［J］．财经研究，2012（8）：61－72.

［20］洪金明，徐玉德．上市公司信息披露质量与银行债务融资约束——来自深市 A 股的经验证据［C］//中国会计学会财务成本分会 2011 年年会暨第二十四次理论研讨会论文集，2011：42－46.

［21］侯宇，叶冬艳．机构投资者、知情人交易和市场效率——来自中国资本市场的实证证据［J］．金融研究，2008（4）：131－145.

［22］黄娟，周茜．智力资本信息披露与企业价值相关性实证研究［J］．财会通讯，2011（7）：25－26.

［23］纪建悦，刘红，吕帅．基于二分法的企业智力资本评估研究［C］//第十届中国管理科学学术年会论文集，2008：172－176.

［24］江向才．公司治理与机构投资人持股之研究［J］．南开管理评论，2004（1）：33－40．

［25］蒋艳辉，李林纯．智力资本多源化信息披露、分析师跟踪与企业价值的关系——来自 A 股主板高新技术企业的经验证据［J］．财贸研究，2014（5）：138－146．

［26］孔东民，孔高文，刘莎莎．机构投资者、流动性与信息效率［J］．管理科学学报，2015（3）：1－15．

［27］孔玉生，徐玲芳，朱乃平．智力资本信息披露的彩色模式［J］．商场现代化，2006（4）：242－243．

［28］雷光勇，王文，金鑫．公司治理质量、投资者信心与股票收益［J］．会计研究，2012（2）：79－86．

［29］李斌，赵玉勇．智力资本信息披露与公司治理结构实证分析［J］．财经问题研究，2009（6）：93－100．

［30］李金勇，张宗益．我国上市公司知识资本信息披露实证研究［J］．情报科学，2009（7）：16－20．

［31］李平，刘希宋．国外企业智力资本报告模式分析及启示［J］．研究与发展管理，2006（6）：29－36．

［32］李平．企业智力资本开发理论与方法［M］．哈尔滨：哈尔滨工程大学出版社，2007：145－170．

［33］李仁德．基于信度检验的高校图书馆数字资源与学科专业适用性评估方法［J］．图书馆论坛，2012（32）：23－29．

［34］李姝，肖秋萍．企业社会责任、投资者行为与股票流动性［J］．财经问题研究，2012（340）：24－31．

［35］李永杰，谢军．资本结构和管理报酬的业绩敏感度：基于自由现金流理论的实证分析［J］．中国劳动经济学，2009（1）：74－83．

［36］李玉平，杨忠英．关于我国企业智力资本信息披露的思考［J］．经济师，2008（6）：218－219．

［37］连军，刘星，杨晋渝．政治联系、银行贷款与公司价值［J］．南开管理评论，2011（5）：48－57．

［38］廖倩. 上市公司会计信息质量对投资者信心的影响［D］. 成都：西南财经大学，2014：112-130.

［39］刘素荣，刘玉洁. 融资约束对企业成长的影响——基于创业板科技型企业数据［J］. 工业技术经济，2015（4）：13-19.

［40］刘微芳，刘静. 家族上市公司社会资本与企业的融资约束［J］. 福建农林大学学报（哲学社会科学版），2012（15）：35-40.

［41］刘星. 公司治理对智力资本信息披露质量影响的实证研究——基于创业板上市公司的数据［D］. 成都：西南财经大学，2012：89-98.

［42］刘英男，杜淼. 智力资本与企业价值相关性研究［C］//中国会计学会高等工科院校分会2009年学术会议（第十六届学术年会）论文集，2009：1125-1130.

［43］卢太平，张东旭. 融资需求、融资约束与盈余管理［J］. 会计研究，2014（1）：35-41.

［44］吕长江，张海平. 股权激励计划对公司投资行为的影响［J］. 管理世界，2011（11）：118-126.

［45］罗丹. 我国上市公司会计信息披露质量与价值相关性的实证研究——来自深圳证券交易所的经验的数据［D］. 沈阳：辽宁大学，2016：67-98.

［46］罗珊梅，李明辉. 社会责任信息披露、审计师选择与融资约束——来自A股市场的新证据［J］. 山西财经大学学报，2015（37）：105-115.

［47］马传兵，谢莉莉. 经营性无形资本融资问题研究——基于沪市上市公司制造业和信息技术行业的实证分析［J］. 中央财经大学学报，2010（5）：65-68.

［48］马宁，严太华，姬新龙. 风险资本与智力资本协同条件分析与效应检验［J］. 中国管理科学，2015（23）：24-31.

［49］蒙立元，张婉婧. 公司特征与我国创业板企业智力资本信息披露研究［J］. 商业会计，2013（6）：90-92.

［50］孟浩. 信息披露、投资者信心和股权资本成本［D］. 北京：首都经济贸易大学，2014：99-109.

［51］孟家新. 企业智力资本信息披露研究——基于山东上市公司的实

证分析 [J]. 商业会计, 2011 (3): 3 - 5.

[52] 潘淡, 欧凌燕. 互联网公司报告能否提升公司价值?——来自中国 A 股市场互联网公司报告的实证发现 [C]//中国会计学会 2012 年学术年会论文集, 2012: 32 - 35.

[53] 潘越, 陈静, 戴亦一. 双重保荐声誉、社会诚信与 IPO 过会 [J]. 金融研究, 2014 (6): 146 - 161.

[54] 彭洁流. 智力资本对企业价值贡献研究 [D]. 合肥: 安徽大学, 2009: 90 - 98.

[55] 邱萱, 邓林琳. 智力资本信息披露影响因素分析 [J]. 北方经济, 2008 (7): 25 - 26.

[56] 屈志凤, 肖志雄. 我国智力资本信息披露对股价影响的实证研究 [J]. 现代商业, 2007 (22): 39 - 40.

[57] 冉秋红, 罗嫣, 赵丽. 上市公司智力资本信息披露的实证分析及改进设想 [J]. 财务与会计导刊, 2008 (2): 19 - 22.

[58] 冉秋红, 罗嫣, 赵丽. 上市公司智力资本信息披露的实证分析及改进设想 [J]. 经济管理, 2007 (22): 19 - 24.

[59] 冉秋红, 陶莎, 唐晓. 我国上市公司多元资本结构及其绩效影响研究——基于智力资本视角 [J]. 科技进步与对策, 2013 (24): 91 - 95.

[60] 任俊义. 企业智力资本研究轨迹与多维研究框架构建 [J]. 河南社会科学, 2015 (2): 98 - 102.

[61] 任俊颖. 联合风险投资、智力资本及其对企业价值创造的影响 [J]. 商业经济研究, 2016 (11): 184 - 185.

[62] 邵春燕, 王配配. 融资约束下终极控制股东对企业价值的影响——基于中国制造业上市公司数据的实证分析 [J]. 金融经济学研究, 2015 (3): 95 - 106.

[63] 申倩倩. 品牌竞争力、债务融资对广告竞争行为的影响研究 [D]. 重庆: 重庆大学, 2009: 132 - 143.

[64] 沈红波, 寇宏, 张川. 金融发展、融资约束与企业投资的实证研究 [J]. 中国工业经济, 2010 (6): 55 - 63.

［65］沈洪涛，黄珍，郭肪汝．告白还是辩白——企业环境表现与环境信息披露关系研究［J］．南开管理评论，2014（17）：56–63.

［66］沈洪涛，游家兴，刘江宏．融资环保核查、环境信息披露与权益资本成本［J］．金融研究，2010（12）：159–172.

［67］宋海旭．基于投资者视角的上市公司多元化战略对企业价值的影响研究［D］．哈尔滨：哈尔滨工业大学，2013：75–82.

［68］宋献中．论企业核心能力信息的自愿披露［J］．会计研究，2006（2）：47–52.

［69］苏明．智力资本价值创造效率与股权资本成本——基于注册会计师会计报表审计鉴证意见中介效应的研究［J］．商业研究，2018（2）：98–107.

［70］苏启林．代理问题、公司治理与企业价值：以民营上市公司为例［J］．中国工业经济，2004（4）：16–18.

［71］孙维峰，孙华平．多元化战略、企业研发支出与企业绩效的关系［J］．技术经济，2013（3）：35–38.

［72］孙羡，于君．融资成本不计入投资项目现金流出的理论依据［J］．财会月刊：综合版，2011（5）：85–86.

［73］孙颖．创新制度背景下上市公司智力资本信息披露的现状与思考——基于甘肃省上市公司招股说明书的调查［J］．河北地质大学学报，2016（39）：83–87.

［74］谭劲松．智力资本会计研究［M］．北京：中国财政经济出版社，2001：213–218.

［75］谭跃，夏芳．股价与中国上市公司投资——盈余管理与投资者情绪的交叉研究［J］．会计研究，2011（8）：30–39.

［76］唐雪松，周晓苏，马如静．政府干预、GDP 增长与地方国企过度投资［J］．金融研究，2010（9）：99–112.

［77］陶岚，刘波罗．基于新制度理论的企业环保投入驱动因素分析——来自中国上市公司的经验证据［J］．中国地质大学学报：社会科学版，2013（6）：46–53.

［78］佟岩，陈莎莎．生命周期视角下的股权制衡与企业价值［J］．南

开管理评论，2010（13）：108 - 115.

[79] 万小勇，顾乃康. 现金持有、融资约束与企业价值——基于门槛回归模型的实证检验 [J]. 商业经济与管理，2011（2）：71 - 77.

[80] 汪炜，蒋高峰. 信息披露、透明度与融资成本 [J]. 经济研究，2004（7）：107 - 114.

[81] 王昊翔，研发费用投入与企业价值相关性研究——基于国内上市高新技术企业的数据 [D]. 北京：首都经济贸易大学，2012：198 - 211.

[82] 王金. 制造业上市公司融资约束程度的分析与评价——以 SA 指数测度方法为例 [J]. 财会月刊，2015（7）：63 - 66.

[83] 王磊，陈国进. 机构投资者动量交易与市场效率研究 [J]. 证券市场导报，2009（6）：39 - 46.

[84] 王倩倩. 企业网站环境信息披露影响因素研究——以中国煤炭采选业上市公司为例 [J]. 扬州大学学报（人文社会科学版），2013（3）：55 - 59.

[85] 王钦池. 信号传递与信号均衡——关于信号理论的文献综述 [J]. 山西财经大学学报，2009（31）：180 - 185.

[86] 王少飞，孙铮，张旭. 审计意见、制度环境与融资约束——来自我国上市公司的实证分析 [J]. 审计研究，2009（2）：63 - 72.

[87] 王小鲁，余静文，樊纲. 中国分省企业经营环境指数 2013 年报告（摘要）[J]. 国家行政学院学报，2013（4）：24 - 34.

[88] 王晓梅，夏岩磊. 中小企业融资问题实证研究：一个分析框架 [J]. 财会月刊：理论版（下），2010（7）：95 - 96.

[89] 王雪. 上市公司自愿性披露行为研究 [D]. 成都：西南财经大学，2007：76 - 90.

[90] 王咏梅，王亚平. 机构投资者如何影响市场的信息效率——来自中国的经验证据 [J]. 金融研究，2011（10）：112 - 126.

[91] 王勇，许庆瑞. 智力资本及其测度研究 [J]. 研究与发展管理，2002（23）：11 - 16.

[92] 王昱，成力为. 缓解融资约束路径选择对创新投入的影响 [J]. 科学学与科学技术管理，2013（10）：142 - 151.

［93］温忠麟，侯杰泰，张雷．调节效应与中介效应的比较和应用［J］．心理学报，2005（2）：268－274.

［94］文豪，汪海粟．无形资产信息不对称问题研究［J］．中南财经政法大学学报，2005（3）：37－43.

［95］吴晓晖，叶瑛．市场化进程、资源获取与创业企业绩效——来自中国工业企业的经验证据［J］．中国工业经济，2009（5）：77－86.

［96］伍岩然，韩立岩．不完全理性、投资者情绪与封闭式基金之谜［J］．经济研究，2007（3）：117－129.

［97］肖华芳，万文军．我国上市公司智力资本信息自愿披露的实证研究［J］．会计之友，2009（6）：60－62.

［98］肖作平．终极控制股东对债务期限结构选择的影响：来自中国上市公司的经验证据［J］．南开管理评论，2011（6）：25－35.

［99］肖作平．终极所有权结构对公司业绩的影响——来自中国上市公司面板数据的经验证据［J］．证券市场导报，2010（9）：12－19.

［100］谢小芳，李赟东，唐清泉．市场认同企业的研发投入价值吗？来自沪深A股市场的经验证据［J］．中国会计评论，2009（3）：299－314.

［101］谢志华，刘辉．所有者与经营者的信息不对称：成因与对策［J］．财务与会计，2015（19）：66－69.

［102］徐程兴，柯大钢．关于智力资本价值计量方法的探讨［J］．南开管理评论，2003（5）：20－23.

［103］徐龙炳，李科．政治关系如何影响公司价值：融资约束与行业竞争的证据［J］．财经研究，2010（36）：60－69.

［104］徐珊，黄健柏．媒体治理与企业社会责任［J］．管理学报，2015（12）：1072－1075.

［105］徐寿福，徐龙炳．信息披露质量与资本市场估值偏误［J］．会计研究，2015（1）：41－43.

［106］许年行，洪涛，吴世农，等．信息传递模式、投资者心理偏差与股价"同涨同跌"现象［J］．经济研究，2011（4）：135－146.

［107］许年行，江轩宇，伊志宏，等．分析师利益冲突、乐观偏差与股

价崩盘风险 [J]. 经济研究, 2012 (7): 127 - 140.

[108] 许年行, 于上尧, 伊志宏. 机构投资者羊群行为与股价崩盘风险 [J]. 管理世界, 2013 (7): 31 - 43.

[109] 薛云奎, 王志台. 无形资产信息披露及其价值相关性研究 [J]. 会计研究, 2001 (11): 45 - 46.

[110] 杨海燕, 韦德洪, 孙健. 机构投资者持股能提高上市公司会计信息质量吗?——兼论不同类型机构投资者的差异 [J]. 会计研究, 2012 (9): 16 - 23.

[111] 杨慧梅. 智力资本信息披露对我国房地产股价的影响研究 [J]. 经济论坛, 2011 (5): 171 - 174.

[112] 杨兴全, 曾春华. 市场化进程、多元化经营与公司现金持有 [J]. 管理科学, 2012 (6): 43 - 54.

[113] 杨玉龙, 孙淑伟, 孔祥. 媒体报道能否弥合资本市场上的信息鸿沟?——基于社会关系网络视角的实证考察 [J]. 管理世界, 2017 (7): 99 - 119.

[114] 杨政, 董必荣, 施平. 智力资本信息披露困境评析 [J]. 会计研究, 2007 (1): 15 - 22.

[115] 易志高, 潘子成, 茅宁, 等. 策略性媒体披露与财富转移——来自公司高管减持期间的证据 [J]. 经济研究, 2017 (4): 166 - 180.

[116] 尹开国, 汪莹莹, 刘小芹. 产权性质、管理层持股与社会责任信息披露——来自中国上市公司的经验证据 [J]. 经济与管理研究, 2014 (9): 114 - 120.

[117] 俞绍文, 张磊. 上市公司大股东内幕交易行为对股票表现的影响 [J]. 企业经济, 2015 (1): 181 - 184.

[118] 袁丽. 关于智力资本基本概念 [J]. 中国软科学, 2000 (2): 121 - 123.

[119] 曾洁琼. 智力资本会计理论基础反思 [J]. 财会通讯, 2006 (9): 14 - 15.

[120] 翟淑萍, 刘湘宁, 霍欣欣. 融资约束、系统风险与资产定价

[J]．金融论坛，2012（8）：4－12.

[121] 张炳发，万威武．企业网知识资本报告设计［J］．工业技术经济，2004（6）：18－21.

[122] 张炳发，万威武．企业知识资本信息投资与知识资本信息对企业绩效影响的实证研究［J］．中国软科学，2006（7）：137－146.

[123] 张纯，吕伟．信息披露、信息中介与企业过度投资［J］．会计研究，2009（1）：60－65.

[124] 张丹，郭森婷．Intellectual Capital Disclosure in China：An Empirical Study ［J］．Journal of Donghua University，2010（1）：103－108.

[125] 张丹，牛晓君．企业智力资本信息报告的国际演进与发展［J］．工业技术经济，2009（11）：14－18.

[126] 张丹，王宏，戴昌钧．我国上市公司智力资本信息披露的市场效应研究——基于上市公司 IPO 招股说明书的经验证据［J］．软科学，2008（11）：13－18.

[127] 张丹．我国企业智力资本报告建立的现实基础：来自上市公司年报的检验［J］．会计研究，2008（1）：18－26.

[128] 张戈，王美今．投资者情绪与中国上市公司实际投资［J］．南方经济，2007（3）：3－14.

[129] 张功富，宋献中．我国上市公司投资：过度还是不足？——基于沪深工业类上市公司非效率投资的实证度量［J］．会计研究，2009（5）：69－77.

[130] 张国安，王铁明．R&D 投资对企业价值的影响［J］．科技进步与对策，2000（10）：25－27.

[131] 张思宁．用托宾 Q 值分析影响上市公司市场价值的若干因素［D］．北京：中国人民银行金融研究所，2006：114－131.

[132] 张雯．智力资本要素对企业价值影响之实证研究［J］．上海管理科学，2011，33（6）：88－93.

[133] 张晓玲．声誉机制对会计信息债务契约有用性的影响分析［J］．统计与决策，2012（10）：161－164.

[134] 张信东，张婧．企业智力资本信息披露研究——基于山西上市公

司的实证分析 [J]. 经济问题, 2010 (3): 77-80.

[135] 张兆国, 靳小翠, 李庚秦. 企业社会责任与财务绩效之间交互跨期影响实证研究 [J]. 会计研究, 2013 (8): 32-39.

[136] 张宗新, 杨飞, 袁庆海. 上市公司信息披露质量提升能否改进公司绩效——基于 2002—2005 年深市上市公司的经验证据 [J]. 会计研究, 2007 (20): 16-23.

[137] 赵海林. 国外智力资本披露框架研究及对我国的启示 [J]. 科技管理研究, 2009 (6): 520-522.

[138] 朱松, 贾平. 公允价值计量、信息披露质量与价值相关性机 [J]. 审计与经济研究, 2011 (3): 51-57.

[139] 朱学义, 黄元元. 我国智力资本会计应用初探 [J]. 会计研究, 2004 (8): 61-64.

[140] 朱志标. 盈余信息质量对非效率投资的影响研究 [D]. 哈尔滨: 哈尔滨工业大学, 2016: 89-99.

[141] 左庆乐. 企业价值评估观点评述 [J]. 长安大学学报 (社会科学版), 2002 (2): 31-33.

[142] Abdolmohammadi M J. Intellectual Capital Disclosure and Market Capitalization [J]. Journal of Intellectual Capital, 2005 (3): 397-416.

[143] Abeysekera I, Guthrie J. An Empirical Investigation of Annual Reporting Trends of Intellectual Capital in SriLanka [J]. Critical Perspectives on Accounting, 2005 (6): 23-24.

[144] Abeysekera I. The Influence of Board Size on Intellectual Capital Disclosure by Kenyan Listed Firms [J]. Journal of Intellectual Capital, 2011 (11): 504-518.

[145] Abeysekera. The Relation of Intellectual Capital Disclosure Strategies and Market Value in Two Political Settings [J]. Journal of Intellectual Capital, 2011 (12): 319-338.

[146] Aerts W, Cormier D, Magnan M. Corporate Environmental Disclosure, Financial Markets and the Media: An International Perspective [J]. Ecological

Economics, 2008 (15): 643 – 659.

[147] Ahmed Haji A, Mohd Ghazali N A. A Longitude Examination of Intellectual Capital Disclosures and Corporate Governance Attributes in Malaysia [J]. Asian Review of Accounting, 2013 (21): 27 – 52.

[148] Alexander B, Philip V. Determinants of Intellectual Capital Disclosure: Evidence from Australia [J]. Management Decision, 2013 (2): 233 – 245.

[149] Alfraih M M. The Value Relevance of Intellectual Capital Disclosure: Empirical Evidence from Kuwait [J]. Journal of Financial Regulation & Compliance, 2017 (25): 22 – 38.

[150] Allen G, Gordon S. The Impact of Corporate Social Responsibility on the Cost of Bank Loans [J]. Journal of Banking & Finance, 2011 (35): 1794 – 1810.

[151] Almeida H, Campello M, Weisbach M S. The Cash Flow Sensitivity of Cash [J]. The Journal of Finance, 2004, 59 (4): 1777 – 1804.

[152] Anis M. Disclosure Quality, Corporate Governance Mechanisms and Firm Value [D]. University of Stirling, 2016: 111 – 134.

[153] Anne-Laure M, Nick B. Intellectual Capital and Performance within the Banking Sector of Belgium [J]. Journal of Intellectual Capital, 2013 (14): 286 – 309.

[154] Annie B, Peter B, Sue J. The Predictive Potential of Intellectual Capital [J]. International Journal of Technology Management, 1998 (16): 115 – 119.

[155] Annie B. The Management of Intellectual Capital [J]. Long Range Planning, 1997 (30): 364 – 365.

[156] Annika S, Grant S. Intellectual Capital Reporting by the New Zealand Local Government Sector [J]. Journal of Intellectual Capital, 2008 (3): 41 – 43.

[157] Baker M P, Wurgler J. Investor Sentiment and the Cross-Section of Stock Returns [J]. The Journal of Finance, 2006 (61): 1645 – 1680 .

[158] Baker M, Stein J C. Market Liquidity as a Sentiment Indicator [J]. Ssrn Electronic Journal, 2004 (7): 271 – 299.

[159] Bakke T, Whited T M. Which Firms Follow the Market? An Analysis

of Corporate Investment Decisions [J]. Review of Financial Studies, 2010 (23): 1 –40.

[160] Barberis, Shleifer A, Vishny R. A Model of Investor Sentiment [J]. Journal of Financial Economics, 1998 (49): 307 –343.

[161] Bargdon J H B. Is Pollution Profitable? [J]. Risk Management, 1972 (4): 9 –18.

[162] Baron R M, Kenny D A. The Moderator-Mediator Variable Distinction in Social Psychological Research: Conceptual, Strategic, and Statistical Considerations [J]. Journal of Personality and Social Psychology, 1986 (6): 1173 –1176.

[163] Bharathi K. Content Analysis of Intellectual Capital Disclosure of IT Firms in India [J]. Journal of Human resource Costing & Accounting, 2008 (3): 213 –224.

[164] Bhattachrarya S, Ritter J R. Innovation and Communication: Signalling with Partial Disclosure [J]. Journal of Financial and Quantitative Analysis, 1980, 15 (4): 853 –854.

[165] Biddle G C, Hilary G, Verdi R S. How does Financial Reporting Quality Relate to Investment Efficiency? [J]. Journal of Accounting & Economics, 2009 (48): 112 –131.

[166] Boujelbene M A, Affes H. The Impact of Intellectual Capital Disclosure on Cost of Equity Capital: A Case of French Firms [J]. Journal of Economic Finance and Administrative Science, 2013 (34): 45 –53.

[167] Bozzolan S, Favotto F, Ricceri F. Italian Aannual Intellectual Capital Disclosure: An Empirical Analysis [J]. Journal of Intellectual Capital, 2003 (4): 543 –558.

[168] Brealey R, Leland H E, Pyle D H. Informational Asymmetries, Financial Structure, and Financial Intermediation [J]. Journal of Finance, 1977 (32): 371 –387.

[169] Brooking A. Intellectual capital [M]. Cengage Learning EMEA, 1996: 1 –23.

[170] Brown G W, Cliff M T. Investor Sentiment and Asset Valuation [J]. Journal of Business, 2005 (78): 405 – 440.

[171] Brown G W, Cliff M T. Investor Sentiment and The Near-Term Stock Market [J]. Journal of Empirical Finance, 2004 (11): 1 – 27.

[172] Brown T J, Dain P A. The Company and the Product: Corporate Associations and Consumer Product Responses [J]. The Journal of Marketing, 1997 (4): 68 – 84.

[173] Chariles L, Andrei Sr, Richard T. Investor Sentiment and Close-end Puzzle [J]. Journal of Finance, 1991 (46): 75 – 100 .

[174] Cheng B, Ioannou I, Serafeim G. Corporate Social Responsibility and Access to Finance [J]. Strategic Management Journal, 2014 (35): 1 – 23.

[175] Chow C W, Wong-Boren A. Voluntary Financial Disclosure by Mexican Corporations [J]. Accounting Review, 1987 (62): 533 – 541.

[176] Christopher A, Hennessy A L, Toni M. Whited Testing Q Theory with Financing Frictions [J]. Journal of Financial Economics, 2007 (83): 691 – 717.

[177] Clarkson P M, Li Y, Richardson G D. The Market Valuation of Environmental Capital Expenditures by Pulp and Paper Companies [J]. The Accounting Review, 2004 (79): 329 – 353.

[178] Cormier D, Ledoux M. The Informational Contribution of Social and Environmental Disclosures for Investors [J] Management Decision, 2011 (49): 1276 – 1304.

[179] Dai B, Duc H. Should Bankers be Concerned with Intellectual capital? A Study of the Thai Banking Sector [J]. Journal of Intellectual Capital, 2018 (5): 897 – 914.

[180] Dhaliwal D S, Li O Z, Tsang A. Voluntary Non-financial Disclosure and the Cost of Equity Capital: The Initiation of Corporate Social Responsibility Reporting [J]. The Accounting Review, 2011 (86): 59 – 100.

[181] Dmitry L, Horacio S, Lu Z. Financially Constrained Stock Returns [J]. The Journal of Finance, 2009 (6): 1827 – 1862.

［182］ Dumay J, Frost G, Beck C. Material legitimacy: Blending Organisational and Stakeholder Concerns Through Non-financial Information Disclosures ［J］. Journal of Accounting & Organizational Change, 2015（11）: 2 – 23.

［183］ Dumay J, Guthrie J. Involuntary Disclosure of Intellectual Capital: Is It Relevant? ［J］. Journal of Intellectual Capital, 2016（18）: 29 – 44.

［184］ Dumay J. A Critical Reflection on the Future of Intellectual Capital: From Reporting to Disclosure ［J］. Journal of Intellectual Capital, 2016（11）: 168 – 184.

［185］ Edvinsson L, Malone M S. Intellectual Capital Realizing Your Company's True Value by Finding its Hidden Brainpower ［M］. New York: Harper Business Press, 1997: 99 – 104.

［186］ Edvinsson L, Sullivan P. Developing a Model for Managing Intellectual Capital ［J］. European Management Journal, 1996（14）: 356 – 364.

［187］ Edvinsson L, Sullivan P. Developing a Model for Managing Intellectual Capital ［J］. European Management Journal, 1996（4）: 356 – 364.

［188］ El-Gazzar S M. Predisclosure Information and Institutional Ownership: A Cross-sectional Examination of Market Revaluations During Earnings Announcement Periods ［J］. Accounting Review, 1998（73）: 119 – 131.

［189］ Eleftheriadis I M, Anagnostopoulou E G. Relationship Between Corporate Climate Change Disclosures and Firm Factors ［J］. Business Strategy and the Environment, 2014（32）: 273 – 256.

［190］ Eng L L, Mak Y T. Corporate Governance and Voluntary Disclosure ［J］. Journal of Accounting and Public, 2003（22）: 325 – 345.

［191］ Ester O, Catherine G, Yulia K, et al. Reporting Intellectual Capital in Spain ［J］. Corporate Communications, 2007（2）: 35 – 37.

［192］ Ettredge M, Richardson V J, Scholz S. Dissemination of Information for Investors at Corporate Web Sites ［J］. Journal of Accounting and Public Policy, 2002（21）: 357 – 369.

［193］ Eugénia P, Alves H. Back to the Future of Intellectual Capital Research: A Systematic Literature Review [J]. Management Decision, 2018 (4): 2502 – 2583.

[194] Falck O, Heblich S. Corporate Social Responsibility: Doing Well by Doing Good [J]. Business Horizons, 2007 (50): 247 – 254.

[195] Fama E F. Efficient Capital Markets: A Review of Theory and Empirical Work [J]. The Journal of Finance, 1970 (25): 383 – 417.

[196] Fazzari P. Working Capital and Fixed Investment: New Evidence on Financing Constraints [J]. Journal of Economics, 1993 (4): 28 – 42.

[197] Fazzari S M, Hubbard R G, Petersen B C. Financing Constraints and Corporate Investment [J]. Brookings Papers on Economic Activity, 1988 (1): 141 – 206.

[198] Filipe S, Zélia S, Helena A. On the Relationship between Intellectual Capital and Financial Performance: A Panel Data Analysis on SME Hotels [J]. International Journal of Hospitality Management, 2018 (9): 67 – 74.

[199] Frost C A. Credit Rating Agencies in Capital Markets: A Review of Research Evidence on Selected Criticisms of the Agencies [J]. Journal of Accounting, Auditing & Finance, 2007 (3): 469 – 492.

[200] George T, Ekaterina T. Intellectual Capital Practices: A Four-region Comparative Study [J]. Journal of Intellectual Capital, 2009 (1): 70 – 80.

[201] Ghosh D, Wu A. Intellectual Capital and Capital Markets: Additional Evidence [J]. Journal of Intellectual Capital, 2007 (2): 216 – 235.

[202] Gianluca G, Adele C, Annamaria Z. Exploring the Impact of Intellectual Capital on Company Reputation and Performance [J]. Journal of Intellectual Capital, 2018 (19): 915 – 934.

[203] Gilchrist S, Charles H. Evidence on the Role of Cash Flow for Investment [J]. Journal of Monetary Economics, 1995 (36): 541 – 572.

[204] Glen A. Corporate Financial Management [M]. London: Financial Times Pitman Publishing, 2001: 112 – 123.

[205] Goldstein I, Yang L. Information Disclosure in Financial Markets

[J]. Annual Review of Financial Economics, 2017 (3): 33 –34.

[206] Grullon G, Hund J W, James P. Concentrating on Q and Cash Flow [J]. Journal of Financial Intermediation, 2014 (117): 73 –89.

[207] Guthrie J, Petty R, Yongvanich K. Using Content Analysis As a Research Method to Inquire into Intellectual Capital Reporting [J]. Journal of Intellectual Capital, 2004 (5): 282 –293.

[208] Guthrie J. External Intellectual Capital Reporting: An Hong Kong and Australia Sample, Research Monograph [J]. The Institute of Chartered Accountant of Scotland, 2005: 23 –57.

[209] Hadlock C J, Pierce J R. New Evidence on Measuring Financial Constraints: Moving Beyond the KZ Index [J]. Review of Financial Studies, 2010 (5): 1909 –1940.

[210] Haniffa R M, Cooke T E. Culture, Corporate Governance and Disclosure in Malaysian Corporations [J]. Abacus, 2002 (38): 317 –349.

[211] Healy P M, Hutton A P, Palepu K G. Stock Performance and Inter Mediation Changes Surrounding Sustained Increases in Disclosure [J]. Contemporary Accounting Research, 1999 (16): 485 –520.

[212] Hong H G, Kubik J D, Scheinkman J A. Financial Constraints on Corporate Goodness [J]. Social Science Electronic Publishing, 2011 (1): 72 –81.

[213] Hoover S, Fafatas S. Voluntary Disclosure and Information Intermediaries: Evidence from the Carbon Disclosure Project [J]. 2016 (1): 24 –34.

[214] Hope O K. Disclosure Practices, Enforcement of Accounting Standards, and Analysts' Forecast Accuracy: An International Study [J]. Journal of Accounting Research, 2003 (41): 235 –272.

[215] Hoshi T, Kashyap A, Scharfstein D. Corporate Structure, Liquidity, and Investment: Evidence from Japaneses Industrial Groups [J]. The Quarterly Journal of Economics, 1991 (1): 945 –968.

[216] Isenmann, Lenz C. Internet Use for Corporate Environmental Reporting: Current Challenges-Technical Benefits-Practical Guidance [J]. Business

Strategy and the Environment, 2002 (11): 181 –202.

[217] Jamal N, Herremans R T. Organizational Characteristics Fostering Intellectual Capital in Canada and the Middle East [J]. Journal of Intellectual Capital, 2014 (1): 36 –37.

[218] James A B, Ronald C L, Clifford W S. Ownership Structure and Voting on Antitakeover Amendments [J]. Journal of Financial Economics, 1988 (3): 267 –291.

[219] James W, Rosalind H W. Intellectual Capital Disclosures by Australian Companies [J]. AFAANZ Conference, 2009 (5): 11 –13.

[220] Jensen M C, Meckling W H. Theory of the Firm: Managerial Behavior, Agency Costs and Ownership Structure [J]. Journal of Einancial Economics, 1976 (3): 305 –360.

[221] Kaplan S N, Zingales L. Do Investment-Cash Flow Sensitivities Provide Useful Measures of Financing Constraint? [J]. Quarterly Journal of Economics, 1997 (112): 169 –215.

[222] Kenneth, Borokhovich B, Yvette S. Harman and Robert Parrino. Variation in the Monitoring Incentives of Outside Stockholders [J]. The Journal of Law & Economics, 2006 (49): 651 –680.

[223] Klein. The Strategic Management of Intellectual Capital Butter-worth [M]. Heinemann, 1998: 112 –120.

[224] Kothari S P, Leone A J, Wasley C E. Performance Matched Discretionary Accrual Measures [J]. Journal of Accounting and Economics, 2005 (9): 163 –197.

[225] Krippendorff. Reliability in Some Common Misconceptions and Content Analysis: Recommendations [J]. Human Communication Research, 2009 (3): 911 –933.

[226] Lambert Precision R A, Leuz C, Verrecchia R E. Information Asymmetry, Information and the Cost of Capital [J]. Review of Finance, 2012 (16): 1 –29.

［227］Lambert R, Leuz C, Verrecchia R. Accounting Information, Disclosure And the Cost of Capital ［J］. Journal of Accounting Research, 2007 (45): 385 – 420.

［228］Lang M H, Lins K V, Miller D P. Concentrated Control, Analyst Following, and Valuation: Do Analysts Matter Most When Investors are Protected Least? ［J］. Journal of Accounting Research, 2004 (42): 589 – 623.

［229］Lang M, Lundholm R. Cross-sectional Determinants of Analyst Ratings of Corporate Disclosures ［J］. Journal of Accounting Research, 1993 (8): 246 – 271.

［230］LaurensP, Bas C L, Lhuillery S, et al. The Determinants of Cleaner Energy Innovations of the World's Largest Firms: The Impact of Firm Learning and Knowledge Capital ［J］. Post-Print, 2017 (1): 1 – 23.

［231］Lee S Y, Park Y S, Klassen R D. Market Responses to Firms' Voluntary Climate Change Information Disclosure and Carbon Communication ［J］. Corporate Social Responsibility and Environmental Management, 2013 (21): 368 – 385.

［232］Leena A M, Tarek R, Mahmuda A, et al. Impact of Intellectual Capital on Financial Performance: Evidence from the Bangladeshi Textile Sector ［J］. Journal of Accounting & Organizational Change, 2018 (11): 429 – 454.

［233］Leftwich R W, Wattts R L, Zimmerman J L. Voluntary Corporate Disclosure: The Case of Interim Reporting ［J］. Journal of Accounting Reserch, 1981 (19): 246 – 271.

［234］Leonardo B, Annalisa C, Iftekhar H. Investment-cash Flow Sensitivities, Credit Rationing and Financing Constraints in Small and Medium-sized Firms ［J］. Small Business Economics, 2010 (35): 467 – 497.

［235］Li J, Mangena M, Pike R. The Effect of Audit Committee Characteristics on Intellectual Capital Disclosure ［J］. The British Accounting Review, 2012 (44): 98 – 110.

［236］Linda S K, David R P. Investor Expectations of Volatiliy Increases around Large Stock Splits as Implied in Call Option Premia ［J］. The Journal of

Financial Research, 1988 (11): 71 – 80.

［237］Maina M W, Ataur R B. Intellectual Capital Disclosures by South African Companies: A Longitudinal Investigation ［J］. Advances in International Accounting, 2012 (1): 22 – 24.

［238］Manuel A, Felipe H. Intellectual Capital and Organization Performance in the Manufacturing Sector of Mexico ［J］. Management Decision, 2018 (56): 1818 – 1834.

［239］Marta, Josune S, Aino K. Knowledge Management Strategies, Intellectual Capital, and Innovation Performance: A Comparison Between High and Low-Tech Firms ［J］. Journal of Knowledge Management, 2018 (8): 1757 – 1781.

［240］Martinez M. The Explanatory Factors of Intellectual Capital Disclosure to Financial Analysts ［J］. European Accounting Review, 2005 (14): 63 – 94.

［241］Matsumura E M, Prakash R, Vera-Muñoz S C. Voluntary Disclosures and the Firm-Value Effects of Carbon Emissions ［J］. The Accounting Review, 2014 (89): 695 – 724.

［242］McCombs M, Reynolds A. News Influence on Our Pictures of the World ［M］. Mahwah NJ. Erlbaum: In J. Bryant & D. Zillmann, 2002: 35 – 49.

［243］Meek G K, Roberts C B, Gray S J. Factors Influencing Voluntary Annual Report Disclosure by U. S, UK and Continental European Multinational Corporations ［J］. Journal of International Business Studies, 1995 (26): 555 – 572 .

［244］Michelon G, Parbonetti A. The Effect of Corporate Governance On Sustainability Disclosure ［J］. Journal of Management and Governance, 2012, 16 (3): 477 – 509.

［245］Miller G S, Skinner D J. The Evolving Disclosure Landscape: How Changes in Technology, the Media, and Capital Markets are Affecting Disclosure ［J］. Journal of Accounting Research, 2015 (53): 221 – 239.

［246］Mitchell V W. The Delphi Technique: An Exposition and Application ［J］. Technology Analysis & Strategic Management, 1991 (3) 333 – 358.

［247］Modigliani F, Miller M H. The Cost of Capital, Corporation Finance and the Theory of Investment [C]. Comment, American Economic Review, 1959: 261 – 297.

[248] Modigliani F, Miller M H. The Cost of Capital, Corporation Finance and the Theory of Investment [J]. American Economic Association Quarterly, 1958 (3): 261 – 265.

[249] Mondal A. Measuring the Efficiency and Value of Intellectual Capital in Indian Knowledge Companies [J]. Journal of Commerce & Accounting Research, 2016 (4): 98 – 101.

[250] Morck R, Shleifer A, Vishny R W. Management Ownership and Market Valuation: An Empirical Analysis [J]. Journal of Financial Economics, 1988 (20): 293 – 315.

[251] Mouritsen J, Bukh P N, Larsen H T. Developing and Managing Knowledge through Intellectual Capital Statements [J]. Journal of Intellectual Capital, 2002 (3): 10 – 29.

[252] Murry J W, Hammons J O. Delphi: A Versatile Methodology for Conducting Qualitative Research [J]. The Review of Higher Education, 1995 (18): 423 – 436.

[253] Myers S C, Majluf N S. Corporate Financing and Investment Decisions when Firms Have Information that Investors do not Have [J]. The Journal of Financial Economics, 1984 (13): 187 – 221.

[254] Myers S, Majluf N. Corporate Financing and Investment when Firms Have Information Shareholders do not Have [J]. Journal of Financial Economics, 1984 (8): 1 – 14.

[255] Nair M, Kumar D. Water Desalination and Challenges: The Middle East Perspective: A Review [J]. Desalination and Water Treatment, 2013, 51 (10 – 12): 2030 – 2040.

[256] Neha S, Niladri D. The Impact of Intellectual Capital on Firm Performance: a Study of Indian Firms Listed in COSPI [J]. Journal of Intellectual Capital, 2018 (19): 935 – 964.

[257] Nick B. Intellectual Capital Disclosure in Canadian Corporations [J]. Journal of Human Resource Costing & Accounting, 2002 (4): 1 - 15.

[258] Oliveras E, Gowthorpe C, Kasperskaya Y, et al. Reporting Intellectual Capital in Spain [J]. Corporate Communications, 2012 (2): 111 - 116.

[259] Orens R, Aerts W, Lybaert N. Intellectual Capital Disclosure, Cost of Finance and Firm Value [J]. Management Decision, 2009 (10): 1536 - 1554.

[260] Owen L, Christopher P, Jesús Saá-Requejo. Financial Constraints and Stock Returns [J]. The Review of Financial Studies, 2001 (14): 529 - 554.

[261] Piotroski J, Wong T J, Wu D. Government Intervention and the Development of China's Financial Intermediaries: Efficiency or Political Opportunism? [J] Working paper, 2012: 23 - 29.

[262] Richard P, Suresh C. Voluntary Disclosure of Intellectual Capital by Hong Kong Companies: Examining Size Industry and Growth Effects Over Time [J]. Australian Accounting Review, 2008 (15): 40 - 50.

[263] Robichek A A, Myers S C. Problems in the Theory of Optimal Capital Structure [J]. Journal of Financial and Quantitative Analysis, 1966 (2): 1 - 35.

[264] Saa-Requejo L P. Financial Constraints and Stock Retums [J]. The Review of Financial Studies, 2011 (2): 52 - 554.

[265] Sanford J, Grossman O D. The Free-Rider Problem, and the Theory of the Corporation [J]. The Bell Journal of Economics, 1980 (11): 42 - 64.

[266] Sayyed M A. Antecedents and Consequences of Intellectual Capital: The Role of Social Capital, Knowledge Sharing and Innovation [J]. Journal of Intellectual Capital, 2018 (19): 858 - 874.

[267] Schiager H, Haukvik G D. The Effect of Voluntary Environmental Disclosure on Firm Value: A Study of Nordic Listed Firms [D]. Norges, Norges handelshyskole School, 2012: 56 - 60.

[268] Shreenivasan K A. Value Based Measure: An Application of EVA in Selected Indian Public and Private Banks [C]. Business, Engineering and Industrial Applications, 2011: 41 - 46.

[269] Silva-Gao L. The Disclosure of Environmental Capital Expenditures: Evidence from the Electric Utility Sector in the USA [J]. Corporate Social Responsibility & Environmental Management, 2012 (19): 240 – 252.

[270] Stanny E. Voluntary Disclosures of Emissions by US Firms [J]. Business Strategy and the Environment, 2013, 22 (3): 145 – 158.

[271] Stewart T A. Intellectual Capital: The New Wealth of Organizations Doubleday [C]. A Division of Bantam Doubleday Dell Publishing Group Press, 1997: 89 – 96.

[272] Stewart T A. Your Company's Most Valuable Asset: Intellectual Capital [J]. Fortune, 1994 (10): 95 – 97.

[273] Stewart T, Ruckdeschel C. Intellectual Capital: The New Wealth of Organizations [M]. Doubleday, New York, NY, 1998: 111 – 119.

[274] Stiglitz J, Weiss A. Credit Rationing in Markets with Imperfect Information [J]. America Economics Review, 1981 (71): 393 – 410.

[275] Striukova L, Unerman J, Guthrie J. Corporate reporting of intellectual capital: Evidence from UK companies [J]. The British Accounting Review, 2008 (40): 297 – 313.

[276] Sullivan P H. Value-driven Intellectual Capital: How to Convert Intangible Corporate Assets into Market Value [M]. New Jersey: John Wiley & Sons, 2000: 121 – 156.

[277] Sveiby K E. The New Organizational Wealth: Managing & measuring Knowledge-based Assets [M]. Berrett-Koehler Publishers, 1997: 78 – 98.

[278] Thomas S A. Brain Power: How intellectual capital is becoming America's most valuable asset [J]. Fortune, 1991 (7): 40 – 56.

[279] Vafaei A, Taylor D, Ahmed K. The Value Relevance of Intellectual Capital Disclosures [J]. Journal of Intellectual Capital, 2011 (12): 407 – 429.

[280] Vivien B, Alan G, Sarah J T. Corporate Financing Decisions: UK Survey Evidence [J]. Journal of Business Finance & Accounting, 2006 (33): 1402 – 1434.

[281] Vurro C, Perrini F. Making the Most of Corporate Social Responsibility Reporting: Disclosure Structure and its Impact on Performance [J]. Corporate Governance, 2011 (11): 459 – 474.

[282] Watts R L. Conservatism in Accounting: Explanations and Implications [J]. Accounting Horizons, 2003 (17): 207 – 221.

[283] Whited T M, Wu G. Financial Constraints Risk [J]. The Review of Financial Studies, 2006 (19): 531 – 559.

[284] Wigg K. Intergrating Intellectual Capital and Knowledge Management [J]. Long Range Planning, 1997 (399): 405 – 410.

[285] Wimmer R, Dominick J. Mass Media Research: An Introduction [M]. Belmont, California: Wadsworth, 2003: 165 – 178.

[286] Wintoki B M, Linck J S, Jeffry M. Netter. Endogenous and the Dynamics of Internal Corporate Governance [J]. Journal of Financial Economics, 2011 (8): 105 – 108.

[287] Wood D J, Jones R E. Stakeholder Mismatching: A Theoretical Problem in Empirical Research on Corporate Social Performance [J]. International Journal of Organizational Analysis, 1995 (3): 229 – 267.

[288] Wurgler J. Financial Markets and the Allocation of Capital [J]. Journal of Financial Economics, 2000 (58): 187 – 214.

[289] Yiru Y. Do Aggressive Proforma Earnings-reporting Firms Have Difficulty Disclosing Intellectual Capital? Australian Evidence [J]. Journal of Intellectual Capital, 2018 (19): 875 – 896.

后　记

　　本书是在我的博士论文基础上，融合了我博士后工作期间的研究经验，整理修改后才下定决心进行出版。这是我的第一部专著，对于我个人而言，是对过往的总结和见证，亦是一个崭新的开端。时光荏苒，依稀还能记起那个吹嘘着长大以后考博士的小学生，从小学、初中、高中、本科、硕士、博士、博士后，一路乘风破浪，从黑龙江到四川，再到黑龙江，磕磕绊绊，却也努力咬牙坚持。如今已身为人师的我，转念回想此书的成稿过程，不禁心生感慨。

　　最早了解到智力资本的时候，是看到福州大学傅传锐老师的一篇实证文章，智力资本这个词当时在国内还比较新颖，瞬间勾起了我的好奇心。做学术研究的人往往会困于某个自我编织的囚笼，而某一时刻的启发如同发现钥匙般打开新知的大门。当时我的研究重点还专注于会计信息披露方面，在查阅大量国外论文专著后，我决定研究智力资本的信息披露，并得到我的导师王福胜老师的支持。智力资本信息披露作为上市公司非强制披露的信息，在收集数据的过程耗费了大量的时间和精力，也得到了很多人的帮助，在此一并表达感谢！

　　感谢我的导师王福胜教授，此书的出版离不开他这些年的言传身教，每一篇论文都是在他细心指导下完成，从论文的选题、论文的框架设计、论文的研究方法讨论到最终成稿，每一个文字，甚至每一个标点，他都曾认真帮我校对，他对学术的认真与严格让我终身受教，他时常叮嘱我要牢记工大的校训——"规格严格、功夫到家"，我亦将铭记在心。衷心地感谢老师对我的鼓励与关怀，每当我坚持不住时，老师的肯定都支撑我继续走下去，熬过深夜的寂静，终将盼得黎明时的日出。感谢哈尔滨工业大学管理学院的老师们多年来的培育，感谢各位老师在此书编写过程中提出的宝贵意见和建议，使我开阔了思路。

感谢黑龙江大学的各位领导和同事在此书的出版过程中给予我的各种支持，温馨的大家庭让我能专注于学术研究，感谢我的同事们，和你们在一起的欢声笑语，让我的工作色彩缤纷，感谢你们在我遇到困难时的鼎力相助，和你们在一起探讨学术，彼此进益，让我继续充满科研的动力。

感谢我的父母和爱人，始终尊重我的选择，给予我最温暖的助力，让我可以追逐梦想；感恩你们对我的精心呵护，任我勇敢闯荡，无论飞得多高多远，你们永远是我心底的牵挂。

回顾此书，书中仍有很多不足之处，恳请各位老师和学友批评与指正。最后，再次对所有曾帮助和支持我的人表达我最真诚的谢意！

特此感谢黑龙江省教育科学规划重点课题（GJB1423258）、黑龙江省教育科学规划重点课题（ZJB1423168）对本书的支持。

袁　蓓

2023 年 12 月